LES NOUVELLES RÈGLES DE

LA LOCATION MEUBLÉE

Maître Jean-Louis Le Boulc'h

LES NOUVELLES RÈGLES DE LA LOCATION MEUBLÉE POUR RÉDUIRE SES IMPÔTS

Le point complet sur les nouveaux dispositifs

MAXIMA
LAURENT DU MESNIL • EDITEUR

Jean-Louis Le Boulc'h, Science Po à Paris, Maîtrise de Droit des Affaires, est un avocat spécialisé en Droit Fiscal et en Droit des Sociétés. Il a fondé à Annecy le Cabinet AGIK'A (www.agika.fr), anime des conférences sur l'optimisation fiscale et est l'auteur de *Défiscalisation immobilière* (épuisé) et *Immobilier locatif: les nouvelles réductions d'impôts* (Maxima).

Il peut être joint à jean.louis-leboulch@maxima.fr

Avertissement

Les développements, précisions et éléments chiffrés qui figurent dans cet ouvrage correspondent à l'état de la législation en vigueur à la date de sa rédaction (été 2011) et tiennent compte de l'annonce par François Fillon le 24 août 2011 du plan de réduction des déficits.

infos/nouveautés/catalogue: **www.maxima.fr**

MAXIMA
LAURENT DU MESNIL EDITEUR

192, boulevard Saint-Germain, 75007 Paris
Tél.: +33 1 44 39 74 00 - Fax: + 33 1 45 48 46 88

ISBN: 978 284 001 634 2
ISBN PDF-Web: 978281880502
ISBN e-pub: 978281880519

Sommaire

Introduction

1. Le bouleversement fiscal du statut LMP

Le statut de loueur en meublé professionnel (L.M.P) a constitué le « must » de la défiscalisation immobilière jusqu'en 2008, puisqu'il permettait non seulement de réduire l'impôt sur le revenu de l'investisseur grâce à l'imputation du déficit fiscal sur son revenu imposable, mais également de revendre les biens sans payer d'impôt sur la plus-value et, enfin, d'être exonéré d'impôt de solidarité sur la fortune (ISF) au titre des immeubles présentant le caractère de « bien professionnel ».

Son accès était d'autant plus aisé qu'il n'impliquait aucune condition de participation à l'activité locative ; la location d'un seul logement meublé permettait en effet d'accéder à ce statut, sous réserve que le montant annuel des recettes locatives soit supérieur à 23 000 € et que le loueur soit immatriculé au Registre du Commerce et des Sociétés.

2. Le durcissement des conditions d'accès au statut L.M.P

La Loi de finances pour 2009, qui a opéré une réforme profonde des niches fiscales, a sensiblement durci les conditions d'accès au statut de loueur en meublé professionnel, en réservant celui-ci aux personnes pour lesquelles la location meublée présente le caractère d'une véritable activité professionnelle et en écartant, corrélativement, celles pour qui la location de locaux d'habitation meublés relève, en réalité, de la gestion de leur patrimoine.

Le rapport sur les niches fiscales remis à madame Lagarde, ministre de l'Économie et des Finances, a relevé, en particulier :

- que le statut L.M.P était commercialisé comme un produit de placement et un outil de défiscalisation ;
- que son impact socio-économique était difficile à mesurer mais ne paraissait pas justifier la totalité des avantages fiscaux accordés aux contribuables ;
- que les objectifs des avantages fiscaux du régime L.M.P apparaissaient insuffisamment précis ;
- que l'avantage fiscal ne venait pas compenser un risque particulier ;
- que le nombre de bénéficiaires augmentait rapidement ;
- que le statut représentait un coût budgétaire croissant pour l'État.

Ce document précisait, en particulier, que plus de 7 663 contribuables relevaient du statut des loueurs en meublé professionnels en 2005, ce qui entraînait un coût budgétaire chiffré à plus de 18 000 000 d'euros.

Bien que ce coût soit probablement très largement compensé par les gains budgétaires résultant, pour l'État, de la création chaque année de très nombreuses résidences avec services, telles que les résidences pour étudiants, les résidences pour personnes âgées dépendantes (EHPAD) ou les résidences de tourisme classées, il a été décidé de rendre beaucoup plus difficile l'accès au statut L.M.P.

3. Le statut LMP en question ?

Désormais, pour être qualifié de loueur en meublé professionnel, le contribuable doit non seulement satisfaire aux conditions fixées jusqu'alors par la Loi, à savoir **réaliser plus de 23 000 € de recettes annuelles et être immatriculé au Registre du Commerce et des Sociétés**, mais également remplir une condition nouvelle particulièrement difficile à satisfaire : obtenir un montant de recettes annuelles **supérieur au total des revenus d'activités du foyer fiscal** ; autant dire que le nombre de personnes qui peuvent, aujourd'hui, acquérir ou, simplement, conserver le statut L.M.P devient extrêmement restreint, ce qui pose la question de l'avenir de ce statut.

4. La création d'une nouvelle niche fiscale

Le gouvernement et les parlementaires, conscients des conséquences négatives de la disparition programmée du statut LMP sur la création de résidences avec services, ont créé une nouvelle réduction d'impôt (**dispositif Censi-Bouvard**), réservée aux personnes qui investissent dans des résidences présentant une utilité économique et sociale, telles que les résidences pour étudiants, les établissements d'hébergement pour personnes âgées dépendantes (EHPAD), les résidences pour seniors, ou encore les résidences de tourisme classées.

Bien que ce nouvel avantage fiscal soit réservé aux loueurs en meublé non professionnels (L.M.N.P), il offre des avantages fiscaux assez voisins de ceux qui, jusqu'à présent, étaient réservés aux loueurs en meublé professionnels ; ainsi, le législateur a remplacé le statut fiscal LMP par une nouvelle niche fiscale, dont le coût budgétaire sera probablement assez voisin.

5. Une démocratisation de la défiscalisation

L'accès au statut de loueur en meublé professionnel était réservé aux personnes susceptibles de réaliser plus de 23 000 € de recettes annuelles, ce qui impliquait un investissement souvent élevé, de l'ordre de 500 000 à 600 000 €, selon la rentabilité locative obtenue.

Le dispositif Censi-Bouvard est accessible à des personnes n'ayant pas la capacité financière de s'engager dans des opérations aussi lourdes, ce qui devrait permettre à de nombreux contribuables aux ressources plus modestes de revendiquer le bénéfice de la réduction d'impôt prévue par cette nouvelle niche fiscale, alors que le statut L.M.P était, pour l'essentiel, réservé aux personnes disposant de revenus élevés ou d'un patrimoine suffisant pour garantir les emprunts permettant de financer l'acquisition d'un investissement immobilier relativement important.

Chapitre 1

Loueur en meublé : une définition à facettes multiples

Points clés

✓ la location doit porter sur des locaux d'habitation ;
✓ les locaux doivent comporter tous les équipements mobiliers nécessaires à l'occupation du locataire ;
✓ la fourniture directe - ou par mandat - de services hôteliers peut remettre en cause la qualification de location meublée.

Section 1 - Des situations très diverses

L'activité de location meublée est caractérisée par la diversité des situations qu'elle recouvre, de la personne qui loue une simple pièce de sa résidence principale à l'exploitant professionnel qui en tire l'essentiel de ses revenus.

La qualification de location meublée peut s'appliquer à des cas de figure très divers :

- loueur en meublé saisonnier,
- loueur de chambres pour étudiants,
- loueur de logements au sein de résidences pour personnes âgées dépendantes,
- personnes qui louent des appartements au sein de résidences de tourisme classées ou de résidences hôtelières,
- prestations d'hébergement proposées par les organismes sans but lucratif au profit de leurs adhérents ou de personnes défavorisées,
- locations au sein de gîtes ruraux ou de meublés de tourisme,
- locations, dans certains cas, d'habitations légères de loisir, voire de mobil-homes meublés.

L'appréciation de la qualification de location meublée n'est pas subordonnée à la seule mise à disposition de locaux d'habitation meublés ; elle prend également en compte d'autres paramètres tenant à l'absence ou à la présence de services fournis en sus de l'hébergement.

Ainsi, lorsqu'il y a fourniture de services hôteliers, l'Administration fiscale regarde l'activité comme relevant de la para-hôtellerie et non plus de la location meublée, sauf si la location est consentie par bail à un exploitant qui offre les services à ses propres sous-locataires, sans que le bailleur soit associé directement ou indirectement :

- à la fourniture des prestations hôtelières,
- à la gestion ou au résultat de l'exploitation.

Section 2 - Des locations susceptibles d'être consenties directement ou indirectement

Plusieurs situations locatives peuvent être identifiées.

1. Les propriétaires qui louent directement des locaux meublés

De nombreux propriétaires assurent directement l'exercice de l'activité locative ; ils recherchent eux-mêmes leurs locataires, concluent les contrats de location, perçoivent les loyers et s'occupent, d'une façon générale, de la gestion de l'activité locative.

Lorsque plusieurs logements sont loués meublés, l'ensemble de ces tâches peut correspondre à l'exercice d'une véritable activité professionnelle.

2. Les propriétaires qui recourent aux services d'une agence immobilière

Un certain nombre de propriétaires, ne désirant pas s'impliquer directement dans la gestion de leur location, ont recours aux services d'un intermédiaire, en l'occurrence une agence immobilière, à qui ils confient, par mandat, la gestion locative de leur logement meublé.

Ils sont néanmoins regardés comme des loueurs en meublé, professionnels ou non, dès lors que le mandataire, qui les représente dans l'activité, agit d'ordre et pour leur compte.

L'activité locative est regardée comme exercée par le propriétaire du logement, même si, en pratique, la totalité des actes nécessaires à son accomplissement est menée à bien par le mandataire.

Ce dernier est alors rémunéré pour son activité d'entremise par le versement de la commission prévue au contrat de mandat.

3. Les propriétaires de locaux nus assimilés à des loueurs en meublé

Selon l'Administration, doivent être regardées comme des loueurs en meublé, les personnes qui louent des locaux nus destinés à être loués meublés, lorsque les clauses prévues au contrat de bail sont susceptibles de conférer à la location un caractère commercial.

Il en est ainsi, en particulier, dans le cas où la location constitue, pour le bailleur, un moyen de participer à la gestion ou au résultat d'une entreprise commerciale.

Tel est le cas, en particulier, lorsque le montant du loyer prévu au contrat varie en fonction du chiffre d'affaires ou du résultat du preneur.

Tel peut être également le cas lorsque le loyer est versé en fonction du taux d'occupation des chambres mises à la disposition de l'exploitant d'un établissement commercial d'hébergement, tel qu'une résidence de tourisme, par exemple.

C'est ainsi qu'un certain nombre de propriétaires qui donnent en location des locaux nus et croient relever, à ce titre, du régime des revenus fonciers, sont susceptibles d'être assimilés à des loueurs en meublé au motif que le bail comporte une clause fixant le montant du loyer en fonction du chiffre d'affaires du preneur ou de ses résultats.

Les intéressés relèvent alors du régime des bénéfices industriels et commerciaux, et non de celui des revenus fonciers.

Une exception doit toutefois être relevée dans le cadre du dispositif Demessine visé à l'article 199 Decies E et suivants du Code Général des Impôts, qui admet que la fixation d'une partie du loyer en fonction du chiffre d'affaires de l'exploitant de la résidence de tourisme ne remette pas en cause la qualification fiscale de revenu foncier, sous réserve que l'indexation du loyer sur le chiffre d'affaires du preneur représente une part minoritaire dans le montant du loyer global.

Le coin du fiscaliste

L'assimilation des personnes qui louent des locaux nus à des loueurs en meublé non professionnels n'autorise pas pour autant les intéressés à se prévaloir du nouveau dispositif de réduction d'impôt institué par la loi Bouvard au profit des loueurs en meublé non professionnels (LMNP).

L'instruction administrative relative à ce dispositif précise, en effet, que « *lorsque les profits tirés de la location d'immeubles nus ont pour objet de faire participer le bailleur à la gestion ou aux résultats d'une entreprise commerciale exploitée par le preneur et qu'il relève, à ce titre, de la catégorie des bénéfices industriels et commerciaux (CE, arrêt du 18 juillet 1973, REQ n° 92577), la réduction d'impôt ne peut pas s'appliquer.*

En effet, la condition tenant à la mise en location meublée du bien n'est, dans ce cas, pas respectée. »

4. Les propriétaires qui louent des locaux d'habitation assortis de la fourniture de prestations hôtelières

Lorsque des prestations hôtelières sont fournies avec le logement, deux hypothèses doivent être distinguées.

4.1. *Cas où la location est consentie par bail commercial*

L'acquisition de chambres ou d'appartements au sein de résidences avec services para-hôteliers est souvent réalisée en vue de l'exercice d'une activité de location meublée.

Ces résidences sont, le plus souvent, des résidences pour étudiants ou pour seniors, des établissements destinés à l'accueil de personnes âgées dépendantes (EHPAD), ou encore des résidences de tourisme ou hôtelières.

Les clients de ces établissements se voient, en effet, proposer, en sus de l'hébergement, les prestations suivantes :

- un service de réception,
- la fourniture de linge de maison et de toilette,
- le nettoyage régulier des locaux,
- le petit déjeuner.

Or, selon la doctrine administrative, la fourniture de ces services est de nature à exclure la qualification de location meublée, puisque l'activité d'hébergement ne relève alors plus d'un simple schéma locatif (louage de choses) mais d'une activité para-hôtelière.

Il importe toutefois, pour qu'une telle requalification soit encourue, que les prestations précitées soient proposées, directement ou indirectement, par la personne qui donne en location des locaux meublés.

Tel n'est pas le cas lorsque les prestations offertes à la clientèle sont proposées par l'exploitant de la résidence, sous réserve que le bailleur ne soit associé ni à la fourniture des services, ni à la gestion ou aux résultats de la société d'exploitation.

Un tel schéma peut être présenté comme suit :

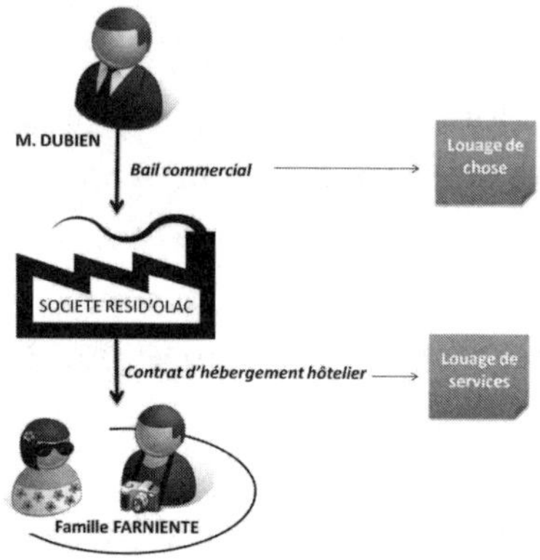

Le coin du fiscaliste

Lorsque la location meublée concerne des locaux situés dans une résidence avec services, telle qu'une résidence de tourisme classée ou un établissement d'hébergement pour personnes âgées dépendantes, les propriétaires de logements détiennent souvent une quote-part des locaux dédiés à la fourniture des prestations para-hôtelières ou de soins, tels que la salle de restaurant, la cafétéria, le local pour le personnel, la salle médicalisée, etc., qui constituent des parties communes de la copropriété.

Peut-on considérer, dans ces conditions, qu'il s'agit d'une location meublée, puisqu'il y a location simultanée de locaux d'habitation et de locaux à usage professionnel ou commercial ?

La doctrine administrative répond par l'affirmative en précisant qu'une telle location relève du régime fiscal de la location meublée lorsque « *la location des parties communes est accessoire à la location meublée et ne donne lieu, en elle-même, à aucune rémunération* ».

Elle ajoute : « *Cette condition est réputée satisfaite lorsque le niveau de loyer des parties privatives correspond au prix du marché.* »

Cette position, favorable aux contribuables qui voient ainsi leur qualité de loueurs en meublé préservée, ne manque pas de surprendre le juriste, dès lors que le ou les lots de copropriété donnés à bail comprennent une quote-part (indivise) des locaux de services.

Comment la doctrine administrative peut-elle sérieusement envisager, dans une telle hypothèse, que la mise à disposition des locaux de services ne donne lieu à aucune rémunération, puisque le loyer, relatif aux lots loués, rémunère également lesdits locaux ?

4.2. *Cas où les services hôteliers sont fournis directement ou par mandat*

Les propriétaires qui fournissent des services para-hôteliers eux-mêmes, ou par personnes interposées, via un contrat de mandat ou de sous-traitance, sont exclus de la qualification de loueur en meublé.

En effet, dans ce cas, l'activité ne relève plus, au plan juridique, du contrat de louage de choses (location) mais du contrat de louage de services (prestations para-hôtelières), de sorte que les intéressés ne sont plus regardés comme des loueurs en meublé.

L'Administration considère en effet que ne sont pas concernées par la qualification de location meublée les conventions d'hébergement qui, en raison des services fournis ou proposés, dépassent la simple jouissance du bien.

Un doute peut néanmoins parfois surgir lorsque la prestation d'hébergement est assortie de services limités puisque, dans ce cas, la qualification locative de l'activité n'est pas remise en cause.

La doctrine administrative précise à cet égard :

> *« En revanche, lorsque ces services sont fournis ou proposés de manière accessoire et dans des conditions non similaires aux établissements d'hébergement à caractère hôtelier, l'activité relève du régime fiscal de la location meublée. C'est le cas, par exemple, du nettoyage des locaux qui est effectué uniquement à l'occasion du changement de locataire, si la réception se limite à la simple remise des clés ou si la fourniture de linge n'est pas régulière. »* [instruction 28 juillet 2009]

5. Les personnes associées d'une société non soumise à l'impôt sur les sociétés

L'activité de location meublée peut également être réalisée indirectement, lorsque l'acquisition des locaux est faite par une société non soumise à l'impôt sur les sociétés.

Pour que le contribuable soit regardé comme exerçant l'activité de location meublée, il importe que la société dont il détient les parts relève du régime fiscal des sociétés de personnes, telle qu'une EURL ou une Sarl de famille.

Bien que les sociétés à responsabilité limitée soient, en principe, assujetties de plein droit à l'impôt sur les sociétés, la loi autorise les associés d'une telle société à opter pour le régime fiscal des sociétés de personnes lorsque :

- l'activité exercée présente un caractère industriel, commercial, artisanal, ou agricole ;
- la société est formée uniquement entre personnes parentes en ligne directe ou entre frères et sœurs, ainsi que les conjoints ou personnes liées par un pacte civil de solidarité (Pacs).

Lorsque l'activité de location meublée est exercée par l'intermédiaire d'une Sarl de famille, le caractère professionnel ou non de la location meublée ne s'apprécie pas au niveau de la société mais à celui de ses associés, à proportion de leurs droits dans les bénéfices sociaux.

Exemple :

La Sarl Locabise détient à son actif quatre appartements loués meublés qui génèrent, chaque année, 46000 € de recettes locatives.
Son capital social est détenu à concurrence de 40 % par Paul Lansard, de 40 % par Virginie Lansard, son épouse, le reliquat soit 20 % étant détenu par Franck Lansard leur fils, imposé distinctement de ses parents.
Chacun des associés sera regardé comme réalisant les recettes suivantes :
M. Paul Lansard : 46000 € x 40 % = 18400 €
Mme Virginie Lansard : 46000 € x 40 % = 18400 €
M. Franck Lansard : 46000 € x 20 % = 9200 €.
*Les recettes de location meublée rattachées au foyer fiscal de M. et Mme Paul Lansard s'élèvent à : **18400 € X 2 = 36800 €.***
Ces recettes ne leur permettent pas pour autant de revendiquer le statut de loueur en meublé professionnel, puisque leur montant ainsi constaté n'excède pas le total des revenus d'activité du foyer fiscal (cf. Chapitre 4).

Le coin du juriste

La constitution d'une Sarl de famille obéit, le plus souvent, à des préoccupations relatives à l'organisation et à la transmission du patrimoine immobilier; elle permet, en particulier, d'éviter les inconvénients juridiques susceptibles de résulter de l'existence d'une situation d'indivision.

Il importe, toutefois, de veiller à ce que les associés soient unis par les liens de parenté prévus par la loi et que la société exerce, de façon exclusive, une activité relevant des bénéfices indusriels, commerciaux, artisanaux ou agricoles.

La location meublée, imposable dans la catégorie des bénéfices industriels et commerciaux, répond pleinement à cette condition.

Section 3 - Des locaux entièrement meublés

Bien que le concept de location meublée puisse apparaître simple, tout essai de définition se heurte aussitôt à de nombreuses questions qui montrent, en réalité, la relative complexité du sujet:

- Les locaux loués doivent-ils comporter la totalité des meubles nécessaires à leur utilisation par les locataires?
- La cuisine doit-elle être munie d'ustensiles de cuisine et comporter en outre gazinière, plaque chauffante et réfrigérateur?
- Si le locataire entend remplacer tout ou partie des meubles garnissant le logement par des meubles qui lui appartiennent, la qualification de location meublée peut-elle être remise en cause?
- La qualification de location meublée peut-elle être retenue si le logement ne répond pas aux critères de décence prévus par la loi?

La difficulté provient de ce qu'il n'existe pas de définition légale de la location meublée, ce qui conduit les Tribunaux à apprécier, au cas par cas, si le logement loué peut être regardé comme meublé.

Or, cette qualification est importante, puisqu'elle détermine, en particulier, la nature juridique des relations entre le bailleur et son locataire.

Si la location n'est pas consentie meublée, ce dernier peut, en effet, se prévaloir des dispositions avantageuses du statut des baux d'habitation, institué par la loi du 6 juillet 1989.

La Cour d'Appel de Grenoble a jugé que la qualification de location meublée ne pouvait être retenue en l'absence de literie et d'ustensiles de cuisine (CA Grenoble, 9 avril 1992, AJPI mai 1993).

La circonstance que le locataire apporte dans le logement pris à bail son mobilier personnel ne remet pas en cause la qualification de location meublée, dès lors qu'au moment de la location du logement, celui-ci comportait le mobilier requis pour que la location soit regardée comme meublée (CA Paris, 6 décembre 1991).

A été regardée comme ne constituant pas une location meublée, la mise à disposition d'un logement comportant des meubles en mauvais état ne permettant pas au locataire d'y vivre dans des conditions normales, d'autant qu'aucun inventaire n'était annexé au bail (CA Paris, 24 avril 2003, n° 00-22533).

Il importe, donc, pour qu'une location soit regardée comme meublée, au plan juridique, que le locataire puisse bénéficier non seulement d'un logement, mais de la mise à disposition de meubles en qualité et quantité suffisante pour y vivre de façon permanente et y accomplir les actes de la vie courante (*Cass. Civ. 18 juillet 2000, n° 1148 F-D, Dreyfus C. Rousseau).*

Un inventaire des meubles et objets se trouvant dans le logement doit être joint au bail.

La jurisprudence impose, cependant, que ce document, annexé au bail, soit signé par les deux parties (Cas. 3e Civ., 9 février 2005 n° 198 FS-BP Brault / Drissi Alami).

À défaut, le bail ne peut être qualifié de meublé (CA Paris, 24 avril 2003 n° 00-22533, 6e CH, B, Pilleux / Rouille / Rejoin).

L'imprécision de la définition légale de la location meublée s'avère source de difficulté lorsqu'il s'agit de déterminer si une location doit être regardée comme consentie nue ou meublée.

Une règle simple devrait, néanmoins, permettre à l'acquéreur de s'y retrouver: **une location est consentie meublée lorsque le locataire peut vivre au quotidien dans le logement et accomplir l'ensemble des actes de la vie courante (sommeil, alimentation, toilette, ...) sans avoir besoin d'y ajouter de meubles ou équipements**.

Cette dernière définition rejoint les précisions apportées par l'instruction administrative du 28 juillet 2009 relative à la nouvelle location meublée :

> *« Le régime fiscal de la location meublée est réservé aux locaux comportant tous les éléments mobiliers indispensables à une occupation normale par le locataire ».*

Section 4 - Une qualification réservée à la location de locaux d'habitation

La qualification de location meublée n'est susceptible de s'appliquer qu'à la location de locaux d'habitation.

Selon la doctrine administrative : *« les loueurs en meublé s'entendent des personnes qui louent, directement ou indirectement, des locaux d'habitation meublés ou destinés à être meublés. »*

Le respect de cette condition est souvent méconnu, l'usage étant de regarder comme relevant de la notion d'habitation toutes les prestations d'hébergement meublé, quelle que soit leur nature.

4.1. Locaux d'habitation ou locaux à usage d'habitation?

L'instruction administrative du 28 juillet 2009 subordonne la qualification de location meublée à la circonstance que « *la location porte sur des locaux à usage d'habitation* ».

Cette définition apparaît à la fois imprécise et discutable :

- imprécise, car elle n'est accompagnée d'aucune définition de la notion « d'usage d'habitation » ; ainsi, un appartement dans une résidence de tourisme classée peut-il être regardé comme à usage d'habitation alors même que la clientèle touristique qui fréquente la résidence n'y fixe pas son habitation, mais y effectue un séjour de courte durée, de nature hôtelière, et n'acquitte pas la taxe d'habitation mais la taxe de séjour ?

- discutable, car la qualification de location meublée devrait s'appliquer à tous les locaux d'habitation, quel que soit leur usage, dès lors que ceux-ci sont loués meublés.

L'administration semble, en réalité, commettre une confusion entre les notions de locaux d'habitation et de locaux à usage d'habitation.

La preuve de cette contradiction semble apportée par l'instruction administrative relative à l'application de la réduction d'impôt Censi-Bouvard réservée aux loueurs en meublé non professionnels, qui indique, concernant la nature de l'investissement, qu'il doit s'agir d'un « immeuble à usage de logements ».

Celle-ci précise en effet :

> *« Seuls les immeubles à usage de logements au sens des articles R. 111-1 à R.111-17 du Code de la Construction et de l'Habitation, ouvrent droit au bénéfice de l'avantage fiscal.*
> *Le bien doit, par conséquent, satisfaire aux conditions de volume, de surface, de confort et de sécurité définies par ces dispositions ».*

Or, le Code de la Construction et de l'Habitation ne se réfère, d'aucune façon, à l'usage du logement, c'est-à-dire aux conditions dans lesquelles celui-ci est utilisé, mais aux caractéristiques techniques de la construction qui permettent de définir si le bâtiment répond à la notion de logement ou non.

C'est la raison pour laquelle les unités d'habitation inclues dans une résidence de tourisme sont éligibles à la qualification de location meublée, alors même qu'elles sont données en location à un exploitant dont l'activité est de nature résolument hôtelière, même si leur usage est étranger à la notion d'habitation ; il faut et il suffit, en effet, qu'il s'agisse de **locaux d'habitation** pour que la location soit qualifiée de location meublée.

4.2. La durée de la location : un critère sans incidence

La durée de la location peut être très différente, selon les conditions d'occupation du logement par le locataire.

La question du respect de la condition d'habitation peut, en effet, se poser pour tous les locaux qui font l'objet d'une occupation provisoire ou temporaire, tels que les meublés de tourisme, par exemple.

Dans une telle situation, les services fiscaux semblent, eux-mêmes, écarter le critère de l'usage d'habitation, puisqu'ils ne réclament pas à l'occupant du logement le paiement de la taxe habitation, alors que celle-ci est due, selon la formulation de l'article 1407 du Code Général des Impôts *« pour tous les locaux meublés affectés à l'habitation »*.

Doit-on, pour autant, écarter la qualification de location meublée en présence de séjours de courte durée ?

La réponse est à l'évidence négative, puisque, comme indiqué ci-avant, il est admis de retenir la qualification de location meublée en présence de meublés de tourisme, ou encore de séjours effectués au sein de résidences de tourisme classées.

Le critère décisif repose donc sur la distinction entre locaux d'habitation et locaux à usage d'habitation, étant précisé que :

- la qualification de location meublée peut être retenue lorsque la location n'est pas consentie à usage d'habitation, sous réserve qu'elle porte sur des locaux d'habitation ;
- elle devrait, à l'inverse, être écartée en présence de locaux ne répondant pas à la notion d'habitation, même lorsque ceux-ci sont affectés à usage d'habitation.

Comment, autrement, trouver la moindre cohérence à la position de l'administration qui réserve le bénéfice de la réduction d'impôt Censi-Bouvard aux seuls loueurs en meublé qui achètent des logements répondant aux dispositions des articles R. 111-1 à R.111-17 du Code de la Construction et de l'Habitation ?

Il ne saurait, en effet, y avoir deux définitions distinctes de la location meublée.

Il est regrettable que l'administration n'ait pas pris le soin de préciser ce point dans sa doctrine, d'autant que pour tous les autres dispositifs fiscaux, où la condition d'habitation est également requise, tels que la loi Demessine relative à l'acquisition de logements au sein de résidences de tourisme classées situées en zone de revitalisation rurale, le dispositif Robien recentré ou encore le dispositif Borloo, elle se réfère systématiquement aux normes édictées par le Code de la Construction et de l'Habitation.

Section 5 - L'exigence d'un contrat de location

Pour que la qualification de location meublée soit retenue, il importe que les locaux soient donnés en location dans le cadre d'un contrat présentant, au plan juridique, les caractéristiques d'un bail.

La doctrine administrative précise que :

> *« Par location, il convient d'entendre l'ensemble des conventions ayant pour objet de conférer à un tiers la jouissance des locaux meublés, moyennant rémunération, pour une certaine durée, déterminée ou non. »*

Cette définition apparaît très pertinente, puisqu'elle se réfère implicitement à la notion de louage de choses définie aux articles 1713 et suivants du Code Civil, par opposition au contrat de louage d'ouvrage défini aux articles 1779 et suivants du Code Civil.

La location meublée relève impérativement du louage de choses, dès lors qu'elle s'inscrit dans le cadre d'un rapport purement locatif entre un propriétaire (le bailleur) qui met un bien (le logement) à la disposition d'un locataire (le preneur), moyennant le versement d'une rémunération (le loyer).

La distinction entre louage de choses et louage de services est mise en relief par l'existence, dans certaines formes d'hébergement, d'une offre de services hôteliers susceptible de caractériser l'existence d'une prestation étrangère à la notion de location ; on évoque souvent, dans de telles circonstances, la notion d'hébergement para-hôtelier.

L'Instruction administrative du 1er août 1996 précise à cet égard :

> *« Ne sont, en revanche pas concernées [par la qualification de location meublée] les conventions d'hébergement qui, en raison des services fournis ou proposés, dépassent la simple jouissance du bien. »*

L'instruction administrative du 30 juillet 2009 précise :

« La location porte sur des locaux à usage d'habitation et ne s'accompagne d'aucune prestation annexe. »

La rédaction du bail revêt donc une importance toute particulière, puisqu'elle est de nature à déterminer la qualification juridique et fiscale de location meublée.

Le coin du fiscaliste :

La location de chambres d'hôtel est parfois regardée comme correspondant à l'exercice d'une activité de location meublée.

Une telle analogie apparaît discutable car les clients des hôtels ne bénéficient pas, en règle générale, de coins cuisine et ne peuvent, en conséquence, fixer leur habitation permanente dans les locaux mis à leur disposition.

De surcroît, les règles d'urbanisme applicables aux hôtels sont différentes de celles qui ont trait aux locaux d'habitation ; l'article R 123-9 du Code de l'urbanisme distingue nettement, comme destinations, l'habitation et l'hébergement hôtelier.

Enfin, les règles relatives à la sécurité incendie à l'accessibilité des personnes handicapées, ou encore à l'implantation d'emplacements de stationnement ne sont pas les mêmes.

Ainsi, les hôtels ne constituent ni des locaux d'habitation ni des locaux à usage d'habitation.

Pour autant, une réponse individuelle de la Direction de la Législation Fiscale a semé le doute en admettant la qualification de location meublée en présence de locations « de locaux appartenant à un hôtel », sous réserve, toutefois, « qu'elles portent effectivement sur des locaux à usage d'habitation » et qu'elles ne s'accompagnent d'aucune prestation annexe.

La position de l'administration apparaît, parfois, difficile à comprendre.

Chapitre 2

Le statut juridique des loueurs en meublé

> **Points clés**
> ✓ les locataires qui fixent leur habitation principale dans le logement meublé mis à leur disposition bénéficient d'un bail écrit d'une durée d'un an ;
> ✓ un logement loué meublé doit respecter les critères de décence prévus par la loi ;
> ✓ un inventaire contradictoire des meubles doit être joint au bail.

Il n'existe aucune définition légale ou réglementaire de la location meublée ; celle-ci présente, curieusement, un double caractère : civil sur le plan juridique, commercial sur le plan fiscal.

Elle consiste à conférer la jouissance d'un local d'habitation en même temps que celle des meubles nécessaires à son occupation.

La doctrine et la jurisprudence exigent que le local soit *normalement* ou *suffisamment* meublé pour disposer d'un minimum d'habitabilité.

Il y a donc location meublée lorsque le locataire peut occuper les locaux mis à sa disposition et y vivre normalement sans qu'il lui soit nécessaire d'y adjoindre des meubles.

La location doit être considérée comme meublée par les deux parties, propriétaire et locataire, ce dernier utilisant les meubles comme accessoires du logement.

Il suffit qu'un inventaire des meubles soit annexé au bail et que le logement soit suffisamment meublé au jour de la délivrance des locaux au locataire pour que le contrat de location bénéficie de la qualification de « location meublée ».

Le bailleur est, en principe, tenu d'assurer le remplacement des meubles qui garnissent le logement mis à la disposition du locataire, même si ce dernier a, le plus souvent, l'obligation d'assurer l'entretien de l'équipement mobilier dont il bénéficie.

Au plan juridique, la qualification de location meublée est néanmoins soumise à un certain nombre de règles et conditions.

1. Un statut locatif particulier pour les locations consenties à usage d'habitation principale

La loi du 06 juillet 1989, relative aux baux d'habitation, écarte de son champ d'application les locations meublées.

Depuis la loi du 18 juillet 2005 dite de programmation pour la cohésion sociale, il y a lieu de distinguer :

- les locations meublées consenties à usage de résidence principale ;
- les autres locations meublées.

Lorsque le locataire fixe dans le logement sa résidence principale, il bénéficie des dispositions protectrices de l'article L 632-1 du Code de la Construction et de l'Habitation ; celles-ci sont inspirées de celles applicables aux locations nues qui bénéficient du statut protecteur édicté par la loi du 06 juillet 1989.

Le locataire d'un logement meublé qui y fixe son habitation principale bénéficie de la conclusion d'un bail écrit d'une durée d'un an, dont les caractéristiques sont les suivantes :

- à l'expiration du contrat, le bail est tacitement reconduit pour une durée d'un an ;
- le bailleur qui souhaite modifier les conditions du bail doit en informer le locataire à l'expiration du contrat, avec un préavis de 3 mois ;
- le bailleur qui ne souhaite pas renouveler le bail doit informer le locataire en respectant le même préavis (3 mois) et motiver son refus de non-renouvellement ;
- le locataire peut résilier le contrat à tout moment, sous réserve du respect d'un préavis d'un mois.

La difficulté provient de l'appréciation de la notion de « résidence principale ».

La question se pose, en particulier, en cas de location consentie à des étudiants.

La circonstance qu'un étudiant réside quelques mois par an au sein d'un logement meublé, situé dans une résidence pour étudiants ou non, peut susciter des interrogations sur le rattachement de la location au statut protecteur ainsi défini.

Une réponse ministérielle Léonard, posée sous l'empire de l'ancienne réglementation, mais dont les termes apparaissent transposables à l'article L 632-1 du Code de la Construction et de l'Habitation, considère que présente le caractère d'une résidence principale :

> « ...*un logement habité par le locataire de manière effective et permanente, correspondant au siège essentiel de ses activités personnelles et, le cas échéant, professionnelles, même s'il est par ailleurs rattaché au foyer fiscal de ses parents. Le rattachement d'un enfant majeur au foyer fiscal de ses parents n'est en effet pas soumis à la condition que l'enfant réside habituellement chez ses parents.* »

Les étudiants bénéficient par ailleurs d'un régime locatif particulier.

Il est apparu, en effet, que la durée d'un an prévue pour le bail n'était pas adaptée à la situation des étudiants, puisque ces derniers ne restent généralement que pour une période limitée à 9 ou 10 mois, correspondant à l'année universitaire.

C'est la raison pour laquelle la loi n° 2005-841 du 26 juillet 2005, publiée au Journal Officiel du 27 juillet 2005, a modifié et complété les dispositions de l'article L 632-1 du Code de la Construction et de l'Habitation en ajoutant :

> « *Lorsque la location est consentie à un étudiant, la durée du bail peut être réduite à 9 mois. Dans ce cadre, la clause de reconduction tacite prévue au 1er alinéa est inapplicable.* »

Il est intéressant d'observer que la formulation de ces dispositions n'impose pas la conclusion d'un contrat écrit d'une durée de 9 mois, mais seulement sa faculté :

> « ... *la durée du bail peut être réduite à 9 mois.* »

Le coin du juriste :

La protection des intérêts du locataire d'un logement meublé est désormais assez proche de celle de la personne d'un logement nu, lorsque la sous-location meublée est consentie à une personne qui y fixe son habitation principale.

Le congé donné au locataire doit en effet être motivé par l'un des trois événements suivants :

- la vente du logement loué
- la reprise du logement pour l'habiter
- l'existence d'un motif légitime et sérieux, tel que le non paiement du loyer ou des charges ou le non respect des clauses du bail

Le locataire doit être avisé du congé soit par courrier recommandé avec demande d'avis de réception, soit par acte d'huissier.

Dans l'un et l'autre cas, le délai de préavis à respecter est de trois mois précédant la date d'échéance du bail ; il court à dater du jour de réception du courrier recommandé ou, le cas échéant, à compter de la signification de l'acte d'huissier.

2. Les autres locations : le règne de la volonté des parties

Lorsque la location meublée est consentie à une personne qui ne fixe pas sa résidence principale dans le logement mis à sa disposition, le régime juridique de la location est fixé par la convention des parties.

Ces dernières ont toute latitude pour fixer les conditions du bail : la durée de la location, le montant du loyer, son indexation, l'affectation des charges.

Elles peuvent même, si elles le souhaitent, soumettre la location au statut des baux d'habitation (Cas. 3e Ch. Civ., 21 septembre 2005).

À défaut, il y a lieu de se référer aux dispositions du Code Civil.

3. Caractéristiques juridiques de la location

Conformément aux dispositions du Code Civil, la location doit respecter un certain nombre de conditions visant, pour l'essentiel, à protéger les intérêts des parties et à définir les droits et obligations du bailleur comme du locataire.

L'exigence d'un logement décent

Que la location soit consentie à usage d'habitation principale ou secondaire, le logement mis à la disposition du locataire doit être un logement décent, c'est-à-dire un logement comportant les éléments le rendant conforme à l'usage d'habitation, sans risque pour la sécurité physique ou la santé du locataire ; il doit, notamment, bénéficier d'une surface minimale de 9 m^2, et d'un volume minimal de 20 m^3 (décret du 30 janvier 2002).

Un inventaire doit être annexé au bail

La location étant consentie meublée, le bail doit impérativement être accompagné d'un inventaire des meubles et objets garnissant les locaux ; un bail sans inventaire contradictoire des meubles ne peut être qualifié de location meublée (C. Cas. 3e Ch. Civ., 09 février 2005).

L'établissement d'un état des lieux permet de prévenir les contestations ultérieures

Il importe de signer un état des lieux lors de l'entrée du locataire dans les locaux ; ce dernier est tenu de restituer les locaux dans l'état dans lesquels il les a reçus, sauf destruction ou dégradation par la vétusté ou la force majeure (article 1730 Code Civil).

À défaut d'état des lieux contradictoire, le locataire est présumé avoir reçu le logement en bon état de réparations locatives et doit les rendre dans le même état.

La nécessité d'un diagnostic technique

Un dossier de diagnostic technique est joint au bail de location meublée.

Celui-ci comporte l'ensemble des diagnostics et constats prévus par la loi dont, en particulier :

- un état des risques naturels et technologiques dans les zones concernées, lorsqu'elles ont été délimitées par arrêtés préfectoraux et, le cas échéant, une déclaration des sinistres indemnisés suite à un arrêté de reconnaissance de catastrophe naturelle ou technologique ;
- un diagnostic de performance énergétique (DPE) ;
- un constat de risque d'exposition au plomb (CREP).

Une délivrance conforme à la destination du bail

L'obligation de délivrance constitue une obligation majeure du bail, le bailleur étant tenu de remettre au locataire les locaux loués en bon état d'entretien locatif, afin que ce dernier puisse en jouir paisiblement.

Le bailleur est tenu de garantir à son locataire la jouissance paisible des lieux loués pendant toute la durée du bail (article 1719 Code Civil).

Le locataire, de son côté, est tenu au respect des clauses du bail tenant au paiement du loyer et des charges, comme à l'usage et à l'entretien des locaux meublés mis à sa disposition.

Il doit, selon l'article 1754 du Code Civil, effectuer les réparations locatives et de petit entretien.

Les locaux doivent, enfin, être assurés contre l'ensemble des risques propres à l'immobilier locatif, étant précisé que l'assurance peut également porter sur les meubles qui les garnissent.

4. La transformation de locaux d'habitation en logements meublés

L'activité de location meublée peut s'exercer indifféremment au titre de logements neufs ou anciens.

Toutefois, avant de procéder à l'affectation d'un logement à l'exercice d'une activité de location meublée, il convient d'examiner certaines contraintes particulières telles que :

- les stipulations du règlement de copropriété ;
- les dispositions de l'article L 631-7 du Code de la Construction et de l'Habitation.

4.1. Les stipulations du règlement de copropriété

Lorsque l'acquisition des locaux destinés à l'exercice de l'activité de location meublée s'effectue au sein d'un immeuble soumis au statut de la copropriété, il importe de vérifier si la destination de l'immeuble autorise l'activité locative envisagée.

Certains règlements de copropriété interdisent, en effet, la location en meublé ou en garni, le plus souvent pour préserver la tranquillité des résidents compte tenu du taux de rotation souvent élevé des locataires des logements meublés.

Dans ce cas, il convient de tenter d'obtenir une modification du règlement de copropriété, qui nécessite la tenue d'une Assemblée Générale aux conditions de quorum et de majorité prévues par la loi et le règlement lui-même, afin d'autoriser l'exercice de l'activité locative envisagée.

4.2. Les dispositions de l'article L.631.7 du Code de la Construction et de l'Habitation

Ces règles prévoient que l'affectation de locaux d'habitation à l'exercice d'une activité de location meublée est subordonnée à une autorisation administrative préalable dans certaines zones géographiques.

L'article L 631-7 du Code de la Construction et de l'Habitation dispose en effet :

> *« La présente section est applicable aux communes de plus de 200 000 habitants et à celles des départements des Hauts-de-Seine, de la Seine-Saint-Denis et du Val-de-Marne. Dans ces communes, le changement d'usage des locaux destinés à l'habitation est, dans les conditions fixées par l'article L. 631-7-1, soumis à autorisation préalable. »*

Elle peut être subordonnée à une *« compensation »* sous la forme de la transformation concomitante en habitation des locaux ayant un autre usage.

Une telle autorisation n'est toutefois pas requise lorsque le locataire fixe sa résidence principale dans les locaux meublés mis à sa disposition et bénéficie, à ce titre, d'un bail écrit d'une durée d'un an, ou de neuf mois s'il s'agit d'un étudiant, conformément à l'article 632-1 du Code de la Construction et de l'Habitation.

Le non-respect de la procédure d'autorisation administrative est sanctionné de la façon suivante :

- les conventions conclues en contravention avec ces dispositions sont nulles ;
- le contrevenant encourt une amende de 25 000 € ainsi qu'une astreinte de 1 000 € par jour et par mètre carré utile, celle-ci courant au-delà du délai de 6 mois ou au délai fixé par le Juge pour réaffecter le logement à son usage antérieur (article L. 651-2 du CCH) ;
- une amende de 80 000 € est encourue, voire un an d'emprisonnement en cas de fausse déclaration ou de manœuvres frauduleuses (article L. 651-3 du CCH).

Chapitre 3

Les loueurs en meublé non professionnels

> **Points clés**
>
> ✓ la location meublée non professionnelle se définit *a contrario* par rapport à la location meublée professionnelle ;
>
> ✓ seuls les loueurs en meublé non professionnels peuvent réaliser un investissement au bénéfice de la réduction d'impôt Censi-Bouvard ;
>
> ✓ la location d'une partie de son habitation principale peut, dans certains cas, bénéficier d'une exonération de taxation.

Les loueurs en meublé non professionnels (LMNP) se définissent *a contrario* par rapport aux loueurs en meublé professionnels ; il s'agit de la généralité des loueurs en meublé, qui ne remplissent pas une ou plusieurs des conditions requises pour accéder au statut LMP (cf. chapitre 4).

Au-delà de la distinction traditionnelle entre les loueurs en meublé professionnels (LMP) et les loueurs non professionnels (LMNP), ces derniers relèvent d'un certain nombre de situations particulières tenant, d'une part, à l'existence de revenus locatifs exonérés et d'autre part aux règles particulières qui affectent le régime fiscal des personnes qui, relevant du secteur de la location meublée non professionnelle, ont réalisé une acquisition au bénéfice du dispositif Censi-Bouvard.

1. Les loueurs en meublé exonérés

Les revenus locatifs perçus par les personnes qui louent ou sous-louent en meublé une partie de leur habitation principale sont exonérés lorsque le locataire fixe sa résidence principale dans les locaux mis à sa disposition, sous réserve que le montant de la location demeure fixé dans des limites raisonnables.

Ainsi, pour 2011, le loyer annuel par m^2 de surface habitable, charges non comprises, ne doit pas excéder un plafond de 174 € par m^2 de surface habitable en Ile de France et de 127 € par m^2 de surface habitable dans les autres régions, ce plafond étant réévalué chaque année selon l'indice de référence des loyers (IRL) du second trimestre de l'année qui précède.

Les personnes qui louent ou sous-louent une partie de leur résidence principale sont également exonérées lorsque le prix de la location, consentie à des personnes qui n'y élisent pas domicile (chambres d'hôtes), n'excède pas 760 € par an.

Ces deux exonérations peuvent se cumuler dans le cas d'un local loué au bénéfice de lycéens ou d'étudiants pendant l'année scolaire et à des vacanciers pendant la période estivale (Réponse Authie - Sénat 21 février 1985).

2. Les loueurs en meublé non professionnels « classiques » (LMNP)

Les loueurs en meublé non professionnels, qui représentent désormais la très grande majorité des personnes qui louent des locaux d'habitation meublés, peuvent relever du régime micro BIC, du régime réel simplifié ou du régime réel normal, voire du statut d'auto-entrepreneur.

Ils relèvent, à l'instar des loueurs en meublé professionnels, du régime des bénéfices industriels et commerciaux (BIC), caractérisé par une comptabilité d'engagement.

Les loueurs en meublé non professionnels ne font, curieusement, l'objet d'aucune définition fiscale spécifique, si ce n'est *a contrario*.

Ils correspondent aux personnes qui ne remplissent pas les conditions requises pour être qualifiées de « loueurs en meublé professionnels ».

Sont donc concernés par cette catégorie, les loueurs qui :

- ne sont pas inscrits au Registre du Commerce et des Sociétés, ès-qualité ;
- retirent de l'activité moins de 23 000 € de recettes annuelles, montant apprécié au niveau du foyer fiscal ;
- réalisent des recettes annuelles dont le montant n'excède pas les revenus d'activité[1] du foyer fiscal.

Il suffit que l'une des trois conditions prévues par la loi ne soit pas satisfaite pour que l'activité soit regardée comme exercée à titre non professionnel.

Compte tenu du durcissement des conditions d'accès au statut L.M.P, le nombre de personnes qui exercent l'activité locative à titre non professionnel devrait exploser au cours des prochaines années.

3. Les loueurs en meublé qui réalisent un investissement Censi-Bouvard

La Loi de finances pour 2009 a créé une nouvelle catégorie de loueurs en meublé non professionnels : les personnes qui réalisent un investissement immobilier locatif au bénéfice du dispositif Censi-Bouvard qui offre une réduction d'impôt au titre des acquisitions réalisées entre le 1er janvier 2009 et le 31 décembre 2012 (cf. chapitre 9).

Celles-ci, qui relèvent obligatoirement du secteur de la location meublée non professionnelle, sont néanmoins soumises à des règles particulières puisque le montant d'investissement pris en compte pour calculer la réduction d'impôt, plafonné chaque année à 300 000 €, ne peut donner lieu à la comptabilisation d'amortissements déductibles.

1. Revenus imposables dans la catégorie des traitements et salaires au sens de l'article 79, des bénéfices industriels et commerciaux autres que ceux tirés de l'activité de location meublée, des bénéfices agricoles, des bénéfices non commerciaux et des revenus des gérants et associés mentionnés à l'article 62.

Elles représentent ainsi une catégorie particulière de loueurs en meublé non professionnels, étant précisé qu'il est admis que l'accès au statut LMP pendant la période d'engagement de location de 9 ans prévue par la loi ne remette pas en cause le bénéfice de l'avantage fiscal.

Le coin du fiscaliste

La réduction d'impôt Censi-Bouvard, instituée par la Loi de finances pour 2009 sous l'article 199 sexvicies du Code Général des Impôts est réservée aux personnes qui exercent l'activité de location meublée à titre non professionnel ; elle offre des avantages fiscaux assez comparables à ceux procurés par le statut de loueur en meublé professionnel.

Ainsi, le statut LMNP, qui constituait, jusqu'au 1er janvier 2009, le parent pauvre de la location meublée, devient aujourd'hui très recherché puisqu'il permet la réalisation d'une ou plusieurs acquisitions immobilières au bénéfice d'un environnement fiscal favorable.

4. Les loueurs en meublé indirects

Les personnes qui louent des locaux d'habitation nus à un exploitant qui les sous-loue en meublé sont assimilées, au plan fiscal, à des loueurs en meublé lorsque le bail comporte des clauses qui les associent à la gestion ou au résultat du preneur.

Tel est le cas, notamment, lorsque le montant du loyer est déterminé en fonction du chiffre d'affaires ou du résultat du locataire.

Lorsque les intéressés ne remplissent pas, par ailleurs, les conditions d'accès au statut LMP, ce qui est le plus souvent le cas, ils sont regardés comme exerçant l'activité de loueur en meublé non professionnel.

Chapitre 4

Le statut LMP : désormais réservé aux véritables professionnels

Points clés

✓ le statut LMP est désormais réservé aux personnes pour lesquelles la location constitue une véritable activité professionnelle ;
✓ la loi de Finances pour 2009 a introduit une nouvelle condition de recettes très difficile à satisfaire ;
✓ la règle *prorata temporis* est désormais légalisée et clarifiée.

Les conditions d'accès au statut de loueur en meublé professionnel ont été singulièrement durcies par la loi de Finances pour 2009, qui a créé une nouvelle condition de recettes extrêmement difficile à satisfaire.

En effet, pour être qualifiés de professionnels, les loueurs en meublé devront désormais réaliser un montant de recettes annuelles supérieur au total des revenus d'activité réalisés par les membres du foyer fiscal ; l'objectif du législateur a été de restreindre l'accès au statut LMP, et les avantages qui en découlent aux seules personnes pour lesquelles la location de locaux d'habitation meublés représente une véritable activité professionnelle.

Pour être qualifié de loueur en meublé professionnel, il faut désormais remplir trois conditions cumulatives :

- un membre du foyer fiscal au moins doit être inscrit au Registre du commerce et des sociétés en qualité de loueur professionnel ;
- les recettes annuelles retirées de cette activité par l'ensemble des membres du foyer fiscal doivent être supérieures à 23 000 € ;

- ces recettes doivent excéder les revenus d'activité du foyer fiscal soumis à l'impôt sur le revenu, auxquels il convient d'ajouter le montant des pensions et rentes viagères.

Le caractère professionnel de la location meublée s'apprécie au niveau du foyer fiscal, puisqu'il prend en compte l'ensemble des recettes de location meublée réalisées par les membres du foyer fiscal.

Cette qualification ne s'oppose ni à la détermination distincte du résultat de l'activité de chacun des époux, ni à la possibilité de chacun des membres du foyer de bénéficier, le cas échéant, du régime d'imposition de la micro-entreprise.

Les trois conditions d'éligibilité au statut LMP méritent un examen attentif.

1. Condition d'immatriculation au Registre du Commerce et des Sociétés

Il suffit que l'un des membres du foyer fiscal soit inscrit en qualité de loueur en meublé professionnel au Registre du Commerce et des Sociétés pour que la condition d'immatriculation au RCS soit regardée comme satisfaite.

A contrario, si aucun des membres du foyer fiscal n'est inscrit en qualité de loueur en meublé professionnel au Registre du Commerce et des Sociétés, l'activité locative ne peut être regardée comme exercée à titre professionnel, même si les deux autres conditions prévues par la loi sont réunies.

Dans l'hypothèse où les locaux loués meublés sont détenus par une indivision, un groupement, ou encore une société soumise au régime fiscal des sociétés de personnes, telle qu'une Sarl de famille, la condition d'immatriculation est regardée comme satisfaite si la société qui exerce l'activité locative, voire l'indivision, est elle-même inscrite en qualité de loueur en meublé ; il n'est pas nécessaire, dans ce cas, que l'un des membres de l'indivision ou de la société fasse lui-même l'objet d'une immatriculation au R.C.S.

Lorsqu'un membre du foyer fiscal est immatriculé au Registre du Commerce et des Sociétés, l'activité est réputée être exercée à titre professionnel pour la totalité des recettes locatives réalisées par l'ensemble des personnes qui constitue le foyer fiscal, si le montant de ces recettes satisfait par ailleurs aux deux conditions de seuil prévues par la loi.

Le coin du fiscaliste

La condition d'immatriculation au Registre du Commerce et des Sociétés ne manque pas de susciter l'étonnement des juristes : la loi fiscale impose, en effet, comme condition d'éligibilité du statut LMP, l'immatriculation du loueur ou de l'un des membres de son foyer fiscal, au Registre du Commerce et des Sociétés.

Or, la location de locaux d'habitation meublés constitue une activité de nature civile ; il s'agit, en effet, avant tout, de louer un immeuble, activité civile par nature.

S'il est vrai que la location des meubles est commerciale, celle-ci n'affecte en rien le caractère civil de l'activité locative, puisque cette dernière présente un caractère accessoire par rapport à la location des murs.

La doctrine administrative reconnaît cette contradiction, puisqu'elle précise qu'il y a lieu de reconnaître la qualité de loueur en meublé professionnel aux personnes qui, remplissant par ailleurs les conditions relatives au montant des recettes, ne sont pas inscrites au Registre du Commerce et des Sociétés, en raison du refus du Greffe, motivé par le caractère civil de l'activité.

Le contribuable doit, toutefois, apporter la preuve de ce refus en présentant une copie de la décision du Greffe.

La condition d'immatriculation au Registre du Commerce et des Sociétés peut, d'autre part, poser problème aux personnes qui exercent par ailleurs une activité professionnelle interdisant une telle immatriculation.

Cette incompatibilité peut être d'origine statutaire (fonction publique) ou résulter du caractère « réglementé » de certaines professions telles que les professions libérales régies par des ordres instituant des incompatibilités déontologiques (avocats, notaires, médecins, pharmaciens, chirurgiens dentistes, experts comptables...).

Sont également visés les VRP (voyageurs, représentants et placiers) qui bénéficient d'un statut particulier défini aux articles L 751-1 et suivants du Code du Travail qui ne les autorisent pas à réaliser d'opérations commerciales personnelles.

Tel est le cas également, des agents d'assurances et sous-agents d'assurances qui optent pour le régime fiscal des salariés, la loi ne les autorisant alors pas à percevoir, en parallèle, d'autres revenus professionnels.

Plusieurs solutions peuvent alors être envisagées : la constitution d'une société relevant du régime fiscal des sociétés de personnes, telle qu'une EURL ou une SARL de famille, peut s'avérer une solution intéressante puisque la condition d'immatriculation au Registre du Commerce et des Sociétés est alors regardée comme respectée du fait de l'immatriculation de la société.

Un tel choix implique cependant de régler la question de la gérance de la société qui peut se voir contrainte par les mêmes règles déontologiques que celles ci-avant évoquées.

Une autorisation devra alors être demandée auprès du Conseil de l'Ordre dont relève chacune des professions libérales ci-avant évoquées.

Une solution alternative, bien que marginale, peut, parfois, permettre de régler la difficulté ainsi constatée.

Un certain nombre de Greffes refuse en effet l'immatriculation au Registre du Commerce et des Sociétés des loueurs en meublé en raison du caractère civil de l'activité.

L'Administration admet, dans cette hypothèse, de ne pas opposer au contribuable le défaut d'immatriculation.

Pour autant, les personnes placées dans cette situation peuvent accéder au statut LMP sans être immatriculées et, par suite, sans contrevenir aux règles déontologiques ordinales ou de statut qu'interdit l'exercice de leur activité professionnelle.

2. Seuil de recettes annuelles de 23 000 €

Le statut de loueur en meublé professionnel est réservé aux personnes dont le montant des recettes annuelles, apprécié au niveau du foyer fiscal, est supérieur à 23 000 €.

Cette règle, apparemment simple, appelle cependant un certain nombre de précisions.

- **Les recettes correspondent aux loyers acquis.** Les recettes s'entendent du total des loyers, le cas échéant, charges comprises, au sens de l'article 38.2 bis du Code Général des Impôts ; elles comprennent le montant des éventuelles indemnités d'assurance visant à garantir les loyers, mais n'incluent pas, en revanche, les produits financiers ou les subventions perçues.

- **Les recettes sont calculées au niveau du foyer fiscal.** Lorsque plusieurs personnes appartenant au même foyer fiscal exercent l'activité de loueur en meublé, le seuil de recettes est apprécié en additionnant le montant total des recettes de location meublée réalisées par l'ensemble des membres du foyer fiscal.
- **Les recettes sont appréciées toutes taxes comprises, lorsque l'activité est assujettie à la TVA.**
- **Le montant des recettes pris en compte pour l'appréciation des seuils permettant l'accès au statut LMP correspond au total des loyers acquis réalisés au cours de l'année civile,** même lorsque le contribuable clôture son exercice en cours d'année.
- **Les recettes sont calculées *prorata temporis*.** Lorsque l'activité commence ou cesse en cours d'année, l'appréciation des seuils de recettes s'effectue en proportion du temps écoulé par application de la règle du *prorata temporis* ; la loi précise que la location d'un local d'habitation est réputée commencer à la date de son acquisition ou, si l'acquisition a eu lieu avant l'achèvement, à la date de cet achèvement.

Cette règle trouve également matière à application lorsque le local d'habitation n'a pas été affecté à la location meublée dès l'origine, mais après son acquisition ou son achèvement.

L'ajustement au *prorata temporis* est effectué en fonction du nombre de jours de location par rapport à 365.

L'événement qui fixe la date acquisition est la signature de l'acte authentique qui constate le transfert de propriété.

> Exemple :
>
> M. DULAC acquiert, au mois d'avril 2009, un appartement en l'état futur d'achèvement dont la livraison, correspondant à la date d'achèvement, intervient le 15 octobre 2010.
> La mise en location effective intervient le 1er novembre 2010.
> Il perçoit, en 2010, 5 248 € de recettes correspondant à 2 mois

de location ; pour l'application de la règle prorata temporis, la location est réputée avoir commencé le 15 octobre 2010, soit une durée de location de 78 jours.

Le montant des recettes à prendre en compte, pour apprécier le caractère professionnel de l'activité, s'élève, en 2010 à : 5248 € : 78 x 365 = 24557 €.

Point important

L'application de la règle *prorata temporis* s'effectue immeuble par immeuble, ce qui signifie que les recettes afférentes à chacun des immeubles doivent être calculées individuellement en fonction du nombre de jours de location, apprécié à partir de la date d'acquisition du logement, ou de l'achèvement s'il est postérieur.

Elle s'applique pour le calcul des deux conditions de recettes prévues par la loi.

Le même calcul doit être effectué en cas de cessation totale de l'activité de location meublée, la règle *prorata temporis* s'appliquant au début comme à la fin de l'activité locative.

Dans ce dernier cas, les recettes afférentes à chacun des immeubles cédés et dont la location est interrompue doivent également être calculées sur 365 jours.

Le coin du fiscaliste

La date d'achèvement du logement constitue, le plus souvent, le point de départ du calcul *prorata temporis* ; tel est le cas, en particulier, lorsque l'acquisition est réalisée en l'état futur d'achèvement.

Cette date est, en effet, regardée comme correspondant au début de l'activité locative.

On ne peut qu'être surpris par cette règle qui, le plus souvent, ne correspond pas à la réalité des faits.

En effet, lorsque l'acquéreur se voit livrer le logement achevé, il est extrêmement rare qu'il puisse procéder à la location de celui-ci le jour même.

Il doit, en effet, au préalable, procéder à l'acquisition et à l'installation des meubles, à la recherche de son ou ses locataires, à la conclusion du bail, à l'état des lieux, etc.

Il peut ainsi s'écouler un délai de plusieurs semaines, voire de plusieurs mois, entre l'achèvement d'un logement et sa mise en location effective.

Or, la loi considère qu'un tel délai n'existe pas, puisque la location est réputée intervenir au jour de l'achèvement.

Il eût été plus pertinent de retenir, comme le prévoyait la doctrine administrative, la conjonction des deux événements suivants :

- La disposition du logement par le loueur en meublé,
- Le début effectif de l'activité locative.

■ *Le cas particulier des sociétés dont l'objet est la location meublée*

Lorsque l'activité est exercée par l'intermédiaire d'une société soumise au régime fiscal des sociétés de personnes (EURL, Sarl de famille, SNC), l'appréciation des recettes ne s'effectue pas au niveau de la société mais, distinctement, pour chaque associé, ces derniers étant regardés comme réalisant un montant de recettes de location meublée qui correspond à leur quote-part des droits sociaux.

Exemple :

La Sarl Talloires exerce une activité de location meublée ; son capital social est de 10000 € ; réparti dans les proportions suivantes entre deux sœurs :
- Camille : 60 % (60 parts de 100 €),
- Louise : 40 % (40 parts de 100 €).
La société réalise 45000 € de recettes annuelles ; Camille est regardée comme réalisant 45000 x 60 % = 27000 € de recettes ; Louise est réputée réaliser 45000 x 40 % = 18000 € de recettes annuelles.
Seule Camille pourra revendiquer le statut de loueur professionnel si elle satisfait, par ailleurs, à la seconde condition de recettes prévue par la loi.

3. Comparaison des recettes avec les revenus d'activité

La nouvelle condition édictée par la Loi de finances pour 2009 vise à comparer les recettes de location meublée réalisées par les divers membres du foyer fiscal avec les revenus d'activité de ce même foyer fiscal.

Ces derniers correspondent aux revenus suivants :

- traitements et salaires au sens de l'article 79 du Code Général des Impôts ;
- bénéfices industriels et commerciaux autres que ceux tirés de l'activité de location meublée, y compris ceux ne présentant pas un caractère professionnel ;
- bénéfices agricoles ;
- bénéfices non commerciaux ;
- revenus des gérants et associés mentionnés à l'article 62 du Code Général des Impôts.

Ces revenus sont appréciés pour leur montant net imposable, après déduction des charges ou abattements.

Les revenus exonérés d'impôt ne sont pas retenus.

Les déficits éventuels sont pris en compte au titre de l'année au cours de laquelle ils sont réalisés, à concurrence de leur montant imputable sur le revenu global, en application des dispositions de l'article 156 du Code Général des Impôts.

Les déficits des années antérieures ne sont pas retenus.

Le coin du fiscaliste

La condition relative à la prépondérance des recettes par rapport aux revenus d'activité a surpris de nombreux praticiens de la fiscalité ; il est en effet très inhabituel, dans le système fiscal français, d'opérer une comparaison entre des recettes, c'est-à-dire le montant d'un chiffre d'affaires et des revenus, même s'il s'agit de revenus d'activité ; une telle comparaison n'a guère de sens, puisqu'elle revient à comparer des paramètres qui ne présentent aucun rapport entre eux.

Cette règle provient probablement de la volonté de Bercy de mettre en place un dispositif restreignant, de façon draconienne, l'accès au statut de loueur en meublé professionnel.

L'objectif sera d'autant plus facilement atteint que les traitements et salaires incluent les pensions et rentes viagères, alors même que ces dernières ne présentent en rien le caractère de revenus d'activité.

On peut se demander, dans ces conditions, s'il n'aurait pas été plus simple de supprimer purement et simplement le statut LMP, qui ne pourra désormais être revendiqué, si l'on écarte l'incidence des mesures transitoires, que par un très petit nombre de contribuables.

4. Les mesures transitoires

Des mesures transitoires sont prévues afin d'atténuer les conséquences, pour de nombreux contribuables, d'une perte trop brutale du statut L.M.P.

Celles-ci ont pour but d'assurer un passage progressif entre les anciennes et les nouvelles règles de détermination du caractère professionnel de la location meublée.

Ce mécanisme se traduit par une surpondération des recettes afférentes aux locations suivantes :

- locations ayant commencé avant le 1er janvier 2009 ;
- locations portant sur un local d'habitation acquis ou réservé avant le 1er janvier 2009 dans les conditions prévues aux articles L. 261-2, L. 261-3 L. 261-15 ou L. 262-1 du Code de la Construction et de l'Habitation ; il s'agit des logements acquis à terme, en l'état futur d'achèvement, en l'état futur de rénovation, ou qui ont fait l'objet d'un contrat préliminaire par lequel le vendeur s'est engagé à réserver le bien à l'acquéreur.

Le contribuable doit pouvoir justifier de la date de signature du contrat de réservation par la production du courrier recommandé de transmission du contrat, ou encore par la date de versement du dépôt de garantie visé à l'article R.* 261-28 du Code de la Construction et de l'Habitation.

Le calcul de surpondération s'effectue :

- en multipliant les recettes par un coefficient égal à 5 ;
- en minorant le résultat ainsi obtenu d'une somme égale à 2/5e de ces mêmes recettes, par année écoulée depuis le début de la location, dans la limite de 10 années à compter du début de celle-ci.

Une année de location s'entend d'une période de 12 mois.

Le coefficient multiplicateur doit être calculé, individuellement, local d'habitation par local d'habitation, et varie selon l'ancienneté de chacun d'entre eux.

Lorsque la location commence en cours de mois, la date de début de location est réputée survenir au 1er jour du mois qui suit.

Ce dispositif peut être illustré comme suit :

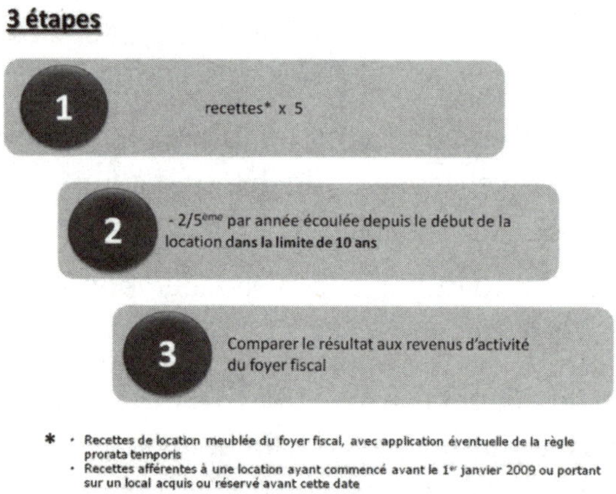

Il peut être noté que le mécanisme de surpondération des recettes peut se cumuler avec les dispositions applicables en cas de commencement de location ou de cessation d'activité en cours d'année.

Le coin du fiscaliste

Le mécanisme de surpondération prévu par la loi pour atténuer les conséquences du durcissement des conditions d'accès au statut LMP apparaît assez complexe et sera, à l'évidence, source d'erreurs pour de nombreuses personnes qui exercent l'activité de loueur en meublé depuis plusieurs années.

Par-delà sa difficulté d'appréciation, ce dispositif apparaît critiquable en ce qu'il a pour conséquence de privilégier des personnes qui ont commencé récemment l'activité de location meublée et de pénaliser, au contraire, les anciens loueurs en meublé professionnels.

Ces mesures n'apparaissent guère respectueuses du principe de sécurité juridique selon lequel, lorsque le contribuable s'est engagé dans un investissement au bénéfice d'un statut fiscal fixé par la loi, il ne doit, ultérieurement, voir les avantages fiscaux attachés à ce statut remis en cause à l'occasion d'un changement législatif ultérieur.

Une telle remise en cause, validée par la loi de finances pour 2009 constitue, d'une certaine façon, une rupture unilatérale des règles fixées par l'État.

5. La situation particulière des micro-loueurs qui remplissent les conditions du « professionnalisme »

Les loueurs en meublé dont le montant annuel des recettes n'excède pas 32 600 € relèvent, de plein droit, du régime de la micro-entreprise. Depuis le 1er janvier 2009, le montant de l'abattement forfaitaire applicable aux micro-loueurs est ramené à **50 %** pour l'ensemble des loueurs en meublé, à l'exception des personnes qui exploitent un gîte rural, des chambres d'hôtes ou encore des meublés de tourisme, dont les recettes n'excèdent pas 81 500 € en 2011 ; ces derniers bénéficiant, en effet, d'un abattement forfaitaire de 71 %.

Pour autant, une personne qui exerce l'activité de loueur en meublé sous le statut de la micro-entreprise peut satisfaire, par ailleurs, aux conditions d'éligibilité au statut LMP.

Le coin du fiscaliste

La question du statut fiscal des micros-loueurs suscite parfois des débats entre les praticiens.

Une personne qui exerce l'activité de location meublée selon le régime micro BIC peut-elle se prévaloir du statut de loueur en meublé professionnel ?

Rien ne semble, en effet, interdire à un loueur en meublé qui relève du régime de la micro-entreprise l'accès au statut L.M.P, s'il est immatriculé au Registre du Commerce et des Sociétés ès-qualité et s'il satisfait, par ailleurs, aux deux conditions de recettes requises par la loi.

L'imprimé n° 2042 C, correspondant à la déclaration complémentaire de revenus, comporte un cadre B1 : « *Revenus industriels et commerciaux professionnels* », qui prévoit une distinction entre le régime micro-entreprise et le régime du bénéfice réel, ce qui signifie que l'Administration considère que les contribuables relevant du régime micro peuvent exploiter à titre professionnel.

La doctrine administrative semble, elle-même, admettre une telle possibilité lorsqu'elle précise que la qualification de location meublée professionnelle ne fait pas obstacle à « *la possibilité de chacun des membres du foyer de bénéficier, le cas échéant, du régime d'imposition d'une micro-entreprise* ».

La question qui se pose, néanmoins, est celle des conséquences fiscales d'une telle qualification ; en effet, le mécanisme de déduction forfaitaire des frais, charges et amortissements prive le micro-loueur de toute possibilité de faire valoir un déficit fiscal imputable sur le revenu imposable du foyer auquel il appartient.

Le seul intérêt du contribuable serait donc celui de pouvoir se prévaloir de l'exonération de taxation des plus-values visée à l'article 151 septies VII du Code Général des Impôts.

Toutefois, une telle perspective apparaît quelque peu théorique, dès lors que le micro-loueur n'a pas d'actif professionnel et aura, par suite, beaucoup de difficultés à faire valoir auprès de l'administration que le bien vendu n'était pas resté dans le périmètre de son patrimoine privé.

Chapitre 5

La fiscalité du loueur en meublé : règles générales

Points clés

✓ les loueurs en meublé, professionnels ou non, relèvent de la fiscalité propre aux bénéfices industriels et commerciaux (BIC) ;
✓ Les amortissements ne peuvent être comptabilisés que si les biens sont inscrits à l'actif ;
✓ Les amortissements sont déductibles, mais ne peuvent être pris en compte pour constater un déficit fiscal.

Le régime fiscal applicable aux loueurs en meublé est, pour l'essentiel, comparable à celui dont relèvent les commerçants, artisans, industriels ; il existe, cependant, certaines spécificités qui tiennent, pour l'essentiel, à la nature locative de l'activité exercée.

Section 1 - L'appartenance à la famille des bénéfices industriels et commerciaux (BIC)

Les règles applicables pour la détermination du revenu imposable sont celles qui régissent les bénéfices industriels et commerciaux.

Il s'agit – pour l'essentiel – d'assurer la tenue d'une comptabilité d'engagement prenant en compte les créances acquises et les dépenses engagées, sans qu'il soit tenu compte, contrairement aux règles applicables en matière de revenus fonciers, des paiements effectués ou des encaissements de loyers.

Le montant annuel des recettes hors taxes détermine le régime comptable applicable :

- jusqu'à 32 600 €[1] : application du régime micro BIC ;
- de 32 600 € à 777 000 €[2] : application du régime réel simplifié ;
- au-delà de 777 000 €[3] : application du régime réel normal.

Les loueurs qui relèvent du régime micro peuvent opter pour le régime réel simplifié d'imposition, voire le régime réel normal.

Des seuils de recettes particuliers sont prévus pour les gîtes ruraux, les meublés de tourisme et les chambres d'hôte, le régime micro s'appliquant jusqu'à 81 500 €[4] de recettes annuelles.

Le loueur en meublé ne relevant pas du régime micro bénéficie d'un traitement fiscal favorable, caractérisé par :

- la possibilité d'opérer la déduction de ses charges d'exploitation de façon beaucoup plus large que le simple titulaire de revenus fonciers ;
- la faculté de déduire l'amortissement des immobilisations inscrites à son actif.

Exemple :

Monsieur Lalande fait l'acquisition de logements destinés à être loués meublés, pour un montant de 393 317 € HT.
Son investissement se décompose comme suit :

- Immobilier :	HT	381 122 €
- Dont terrain :	HT	38 112 €
- Dont construction :	HT	343 010 €
- Dont composant gros-œuvre, charpente, couverture :		171 505 €
- Dont composant second-œuvre extérieur :		57 169 €
- Dont composant second-œuvre intérieur :		68 602 €
- Dont composant finitions :		45 734 €
- Meubles :	HT	12 195 €

Il bénéficie des amortissements suivants (par composants) :
- Terrain : 0 %
- Construction :

1. Seuil applicable en 2011
2. Seuil applicable en 2011.
3. Idem.
4. Idem.

Gros-œuvre, charpente, couverture (1,60 %):		2744 €
Second-œuvre extérieur (8,33 %):		4762 €
Second-œuvre intérieur (5,10 %):		3499 €
Finitions (16,66 %):		7619 €
		18624 €
- Équipements mobiliers (10 à 20 %):		1524 €

Son compte de résultat se présentera ainsi:

- Produits d'exploitation (loyers):	HT	24390 €
- Charges d'exploitation:	HT	24618 €
- Achats et charges externes:		1905 €
- Impôts et taxes:		1585 €
- Charges sociales:		980 €
- Dotation aux amortissements:		20148 €
- Résultat courant avant impôt:	HT	- 228 €

Le résultat courant avant impôt est ensuite diminué du montant des intérêts d'emprunt qui s'élèvent, dans le cas de Monsieur Lalande qui a eu recours à un crédit in fine au taux de 4 % pour financer le prix d'acquisition hors taxes des investissements réalisés, à 15732 €, soit un déficit de 15960 €.

Celui-ci sera néanmoins ramené à zéro, compte tenu de la règle de réintégration des amortissements visée ci-après (section 3).

Les personnes qui relèvent du régime micro BIC voient leur revenu imposable déterminé par application au montant des recettes annuelles d'un abattement forfaitaire pour frais de 50 %, avec un minimum de 305 €.

La fiscalité des loueurs en meublé s'avère, en règle générale, beaucoup plus favorable que celle qui s'applique aux personnes qui louent des locaux nus et qui, à ce titre, relèvent des revenus fonciers.

Les avantages fiscaux liés à la location meublée peuvent être rappelés comme suit:

- imposition des revenus locatifs dans la catégorie des BIC, ce qui autorise la déduction de la généralité des charges, sous réserve que celles-ci soient exposées pour les besoins de l'activité et soient appuyées par des justificatifs (factures);
- faculté d'amortir le prix de revient du logement et du mobilier qui

le garnit ; pour bénéficier de la déduction des amortissements, le loueur doit relever d'un régime réel d'imposition (régime réel simplifié/régime réel normal) et avoir inscrit à son actif les immeubles loués meublés, ainsi que les meubles et équipements qui les garnissent.

Section 2 - L'acquisition des immobilisations

La personne qui procède à l'acquisition d'immobilisations en vue de l'exercice d'une activité de location meublée est confrontée à une double interrogation :

- Comment traiter, au plan comptable et fiscal, les frais d'acquisition d'immobilisations ?
- Comment comptabiliser les immobilisations ?

Le loueur en meublé qui relève du régime de la micro-entreprise ne se pose toutefois pas ces questions puisque, dispensé de produire un bilan ou un compte de résultat, il voit son imposition déterminée par application d'un abattement forfaitaire de 50 % sur le montant de ses recettes locatives.

1. Le traitement comptable et fiscal des frais d'acquisition d'immobilisation

Les frais exposés à l'occasion de l'acquisition des immobilisations sont, pour l'essentiel, les suivants :

- droits de mutation et d'enregistrement ;
- honoraires de notaire ;
- commissions versées à un intermédiaire ;
- droits de succession ou de donation et honoraires versés au notaire à l'occasion de la transmission à titre gratuit (succession, donation ou donation/partage) du ou des immeubles affectés à l'activité locative.

Les règles applicables aux exercices ouverts à compter du 1er janvier 2005 prévoient l'existence d'une option, exercée par le loueur en meublé, qui peut soit inscrire ces dépenses à l'actif de son bilan en majoration du coût d'acquisition de l'immobilisation à laquelle elles se rapportent, soit les déduire immédiatement en charges, dans ses frais généraux (article 38 quinquies annexe III au Code Général des Impôts).

Cette option est formalisée sur papier libre, joint à la déclaration des résultats du 1er exercice concerné ; il est recommandé, également, de joindre à la déclaration de résultats une annexe aux comptes sociaux qui mentionne l'option comptable.

En pratique, l'exercice de l'option implique que soit examiné, au cas par cas, l'intérêt fiscal du loueur en meublé.

Il peut ainsi être constaté que, dans la très grande majorité des cas, les personnes qui exercent l'activité à titre professionnel ont intérêt à traiter les frais d'acquisition des immobilisations en charges, alors que les loueurs en meublé non professionnels, qui ne peuvent imputer le déficit fiscal sur leur revenu global, trouvent avantage à inscrire ces dépenses en compte d'immobilisations, ce qui leur permet d'opérer la déduction de celles-ci de façon échelonnée, sous forme d'amortissements.

2. L'enregistrement comptable et fiscal des immobilisations

La première question que doit se poser toute personne qui exerce l'activité de loueur en meublé, à titre professionnel ou non, est celle de l'inscription à l'actif des immobilisations destinées à l'activité locative.

Il n'est pas obligatoire, en effet, d'inscrire à l'actif les logements destinés à être loués en meublé.

Le contribuable a en effet la possibilité, s'il le souhaite, de conserver ses biens dans son patrimoine privé ; il s'agit d'une décision de gestion.

Toutefois, ce choix comporte des conséquences négatives au plan fiscal, puisqu'il n'autorise pas la déduction des charges liées à la propriété telles que les intérêts d'emprunt, les charges de copropriété, ou encore les amortissements.

C'est la raison pour laquelle, sauf exception, le loueur en meublé a intérêt à inscrire à son actif les biens immobiliers qu'il destine à la location.

3. Des immobilisations réparties par composant

En cas d'inscription à l'actif, il importe, en premier lieu, de veiller à isoler la quote-part du prix d'acquisition représentative du terrain, non amortissable.

Lorsque l'acquisition porte sur des lots de copropriété, la valeur du terrain est le plus souvent, comprise entre 10 et 30 % du prix d'acquisition total ; dans la majorité des cas, ce taux correspond à 14 ou 15 % de la valeur de l'immeuble.

Il convient désormais de comptabiliser les immobilisations par composant, de sorte que le prix de revient de chaque investissement est ventilé selon les différents éléments qui le composent (cf. section 3 ci-après - Le traitement fiscal des amortissements).

Lorsque la TVA est récupérable par le loueur en meublé, les immobilisations doivent être amorties sur leur valeur HT.

La détermination des immobilisations par composants a des conséquences non seulement sur les modalités de calcul des amortissements, mais également sur le traitement comptable des dépenses exposées lors du remplacement ou du renouvellement du composant.

Le remplacement d'un composant se traduit, en effet, par la comptabilisation d'une moins-value correspondant à la valeur nette comptable de cet élément.

Section 3 - Le traitement fiscal des amortissements

1. La faculté de procéder à la déduction comptable des amortissements

L'activité de location meublée relève des bénéfices industriels et commerciaux (BIC) ce qui a, en particulier, pour conséquence d'autoriser le contribuable à comptabiliser et, sous certaines conditions, à déduire les amortissements relatifs aux immobilisations affectées à l'activité locative.

Les micro-loueurs, en revanche, ne disposent pas de cette faculté puisque les amortissements relatifs à leurs immobilisations sont réputés inclus dans l'abattement forfaitaire sur recettes dont ils bénéficient (50 %).

Lorsque l'activité est exercée à titre individuel, la comptabilisation des amortissements n'est cependant autorisée que si le loueur a pris la décision d'inscrire les locaux loués à l'actif de son bilan.

En cas d'inscription d'actifs, il convient d'isoler la quote-part du prix d'acquisition représentative du terrain, non amortissable.

Sur le plan de la forme, les amortissements doivent être réellement comptabilisés et portés sur le relevé des amortissements joints à la déclaration des résultats.

Les normes comptables en vigueur prévoient que les taux d'amortissement sont déterminés par référence à la durée d'utilité, à savoir la période pendant laquelle l'entreprise s'attend à utiliser l'actif.

Cette appréciation s'effectue selon un certain nombre de critères, tels que :

- critère d'usure physique ;
- obsolescence technique ;
- règles juridiques.

Dans certains cas, des durées réelles d'utilisation peuvent être admises.

Les immobilisations doivent être déterminées par composant, ce qui signifie que chacune d'entre elles voit sa base répartie entre les différents éléments qui la composent.

La notion de composants est précisée à l'article 15 Bis de l'annexe II au Code Général des Impôts :

> « ... *Sont regardés comme des composants les éléments principaux d'une immobilisation corporelle :*
> *Ayant une durée réelle d'utilisation différente de celle de cette immobilisation,*
> *Et devant être remplacés au cours de la durée réelle d'utilisation de cette immobilisation.* »

Cette définition rejoint, assez fidèlement, la notion de « composant » telle que précisée, en matière comptable, par l'article 311-2 du plan comptable général ; la décomposition de l'immobilisation en plusieurs composants entraîne la nécessité d'établir un plan d'amortissement pour chaque composant, selon sa durée d'utilité appliquée à l'immobilier, et plus particulièrement à la location meublée.

Cette ventilation pourrait, par exemple, se traduire par la détermination des composants suivants :

- toiture ;
- installation électrique ;
- étanchéité ;
- ascenseur ;
- agencement ;
- structure.

Le principe même de la détermination des immobilisations par composants se traduit par la fixation de taux d'amortissement correspondant au rythme de renouvellement de chacun des composants, tels que ravalements de façade, changements de moquette ou de papier peint, reprise sur plomberie ou équipements sanitaires, par exemple.

Le choix du taux d'amortissement procède d'une appréciation qui doit être effectuée au cas par cas.

Il peut, néanmoins, être observé, en matière de location meublée, que sont souvent retenus des taux se rapprochant des fourchettes ci-après :

- gros œuvre : 1,25 % ;
- second œuvre extérieur : 6,66 % à 8,33 % ;
- second œuvre intérieur : 5,55 % à 8,33 % ;
- finitions : 6,66 % à 20 % ;
- toitures : 4 % ;
- installations électriques : 4 % ;
- étanchéité : 6,66 % ;
- ascenseur : 6,66 % ;
- agencements intérieurs : 6,66 %.

Ces taux ne sont mentionnés qu'à titre indicatif et doivent être adaptés à la nature de la construction, en tenant compte de divers critères, tels que :

- la qualité des matériaux,
- l'emplacement du bâtiment,
- les conditions d'entretien de l'immeuble,
- etc.

L'administration considère que les locaux loués meublés constituent des immeubles de placement et non d'exploitation, ce qui a également une incidence sur les règles applicables.

En effet, l'article 15 Bis de l'annexe 2 du Code Général des Impôts prévoit que lors du remplacement ou du renouvellement d'un composant, il y a lieu d'enregistrer, au plan comptable, la sortie de la valeur nette comptable du composant remplacé et l'inscription de la valeur d'acquisition du composant de remplacement, étant précisé que ce traitement s'applique également lorsqu'aucun composant n'a été identifié à l'origine mais le devient à l'occasion d'un remplacement.

Le coin du fiscaliste :

La déduction des amortissements, comme des charges liées à la propriété du bien, est subordonnée à l'inscription à l'actif des logements destinés à être loués meublés.

Le contribuable a, en effet, la faculté d'inscrire - ou de ne pas inscrire - à l'actif de son bilan les biens immobiliers dont il a fait l'acquisition en vue d'exercer l'activité de location meublée.

S'il décide de ne pas procéder à leur inscription comptable, les immeubles sont réputés rester dans son patrimoine privé, ce qui a pour conséquence de le priver de toute possibilité de déduction des amortissements, comme des charges liées à la propriété du bien.

Dans cette hypothèse, il ne peut, notamment, opérer la déduction des charges suivantes :

- charges de copropriété,
- taxe foncière sur les propriétés bâties,
- intérêts de l'emprunt souscrit pour financer l'acquisition du ou des logements,
- amortissements du ou des logements,

C'est la raison pour laquelle, dans la majorité des cas, les loueurs en meublé qui ne relèvent pas du régime de la micro-entreprise ont intérêt à inscrire les immeubles loués à l'actif de leur bilan ; il s'agit d'une décision de gestion opposable à l'administration fiscale.

Exemple

La Sarl ANNACO a pour objet la location meublée assujettie à la TVA.

Elle procède à l'acquisition de 6 chambres dans un EHPAD

Investissement : 598 000 € TTC (mars)
59 800 € TTC (meubles)

Mode juridique d'acquisition : VEFA

Date de livraison de la résidence : 01.12.2007

La méthode des composants

	Composants	Durée
1	Toiture	25 ans
2	Installations électriques	25 ans
3	Étanchéité	15 ans
4	Ascenseurs	15 ans
5	Aménagements intérieurs	12 ans
6	Aménagements extérieurs	14 ans
7	Structure (gros œuvre)	80 ans

Sachant que les composants représentent

Composants	%
Toiture	8 %
Installations électriques	6 %
Étanchéité	5 %
Ascenseurs	2 %
Aménagements intérieurs	15 %
Aménagements extérieurs	9 %
Structure (gros œuvre)	55 %

Les meubles sont amortis sur 10 ans

L'incidence du foncier est de 10 %

SOLUTION

ACTIF SARL ANNACO Immobilisation H.T.	
Terrain + construction	500 000 €
Mobilier	50 000 €

DECOMPOSITION			
Terrain		500 000 x 10 %	50 000
Construction	Structure	450 000x 55 %	247 500
	Toiture	450 000 x 8 %	36 000
	Installations électriques	450 000 x 6 %	27 000
	Étanchéité	450 000 x 5 %	22 500
	Ascenseur	450 000 x 2 %	9 000
	Aménagements intérieurs	450 000 x 15 %	67 500
	Aménagements extérieurs	450 000 x 9 %	40 500
	Total (500 000 – 50 000)		450 000

Dotations annuelles aux amortissements (1 mois)

Dotation Terrain et construction			
Terrain		Non amortissable	0
Construction	Structure	247 500 x 1,25 % x 31 /360	266,40
	Toiture	36 000 x 4 % x 31 / 360	124,00
	Installations électriques	27 000x 4 % x 31 / 360	93,00
	Étanchéité	22 500 x 6,67 % x 31 / 360	129,23
	Ascenseur	9 000 x 6,67 % x 31 / 360	51,69
	Aménagements intérieurs	67 500 x 8,33 % x 31 / 360	484,18
	Aménagements extérieurs	40 500 x 7 % x 31 / 360	244,12
	TOTAL		**1 392,62**

Dotation Mobilier	
50 000 x 10 % x 31 / 360	**430,55**

Dotation annuelle aux amortissement : 1 823,17 €

POUR EN SAVOIR PLUS

Il est intéressant – à titre indicatif – de relever les composants prévus par le Conseil National de la Comptabilité en matière de logement social (avis 2004-11)

Composants	Durée d'amortissement	Répartition des composants %	
		individuel	collectif
Structure et ouvrages assimilés	50 ans +/– 20 %	88,7 %	90,3 %
Menuiseries extérieures	50 ans +/– 20 %	5,4 %	3,3 %
Chauffage collectif ou	25 ans +/– 20 %	–	3,2 %
Chauffage individuel	15 ans +/– 20 %	3,2 %	3,2 %
Etanchéité	15 ans +/– 20 %	–	1,1 %
Ravalement avec amélioration	15 ans +/– 20 %	2,7 %	2,1 %

2. Des amortissements dont la déduction fiscale est encadrée

Afin d'éviter que la déduction des amortissements des biens donnés en location ne crée un déficit fiscal trop favorable aux contribuables, la loi a prévu de limiter les conditions de leur déductibilité (article 39 C. II du Code général des impôts).

Cette règle qui limite la déduction des amortissements à un plafond égal à la différence entre le montant du loyer et les autres charges relatives au bien loué a pour but de limiter le montant du déficit fiscal à la déduction des charges relatives au bien loué !

Ainsi, lorsque des personnes physiques louent un bien amortissable, elles ne peuvent déduire les amortissements que dans les conditions suivantes :

- amortissements déductibles = loyers – charges relatives aux biens loués ;
- amortissements reportables = amortissements totaux – amortissements déductibles.

Le déficit fiscal susceptible d'être constaté par une personne physique qui loue, même indirectement, des locaux d'habitation meublés, ne peut donc, en aucun cas, résulter des amortissements, que ceux-ci concernent les locaux, les agencements ou le mobilier.

La loi n'interdit pas la déduction des amortissements, mais empêche ceux-ci de constituer un déficit imputable sur le revenu global.

Selon l'administration, les charges à prendre en compte sont constituées, en matière d'immeubles, non seulement des dépenses de gestion, d'entretien, de réparation, d'assurances et de gérance, mais également des frais financiers.

À l'inverse, ne doivent pas être prises en compte les dépenses qui n'ont pas de rapport direct avec le ou les biens loués, telles que les cotisations sociales de l'exploitation, les frais de comptabilité, ou encore les frais de tenue d'assemblée générale, lorsque l'activité locative est exercée via une société.

Les amortissements non déduits sont mis en réserve jusqu'à ce que l'activité redevienne bénéficiaire.

Ils peuvent alors être retranchés des bénéfices ultérieurs et neutraliser ceux-ci au plan fiscal, jusqu'à apurement complet du stock d'amortissements, sans limitation de durée.

Cette phase de neutralisation permet au loueur en meublé de bénéficier, pendant une longue période, de recettes non fiscalisées.

Exemple :

Monsieur DUVALLAN, loueur en meublé professionnel, a fait l'acquisition des immobilisations suivantes :

Construction	426 857 euros HT
Dont terrain	59 760 euros HT
Meubles	21 342 euros HT

Il retient les taux d'amortissement suivants :

- Terrain : 0 %
- Gros-œuvre (charpente, couverture) : 1,60 %
- Second-œuvre extérieur : 8,33 %
- Second-œuvre intérieur : 5,10 %
- Finitions : 16,66 %
- Équipements mobiliers : 10 à 20 %

Son compte de résultat est le suivant :

Produits d'exploitation :	25 001 euros	
Charges d'exploitation (hors amortissement et frais financiers) :	4 700 euros	
• Frais généraux :	1 920 euros	
• Cotisations sociales :	980 euros	
• CET :	1 800 euros	
- Amortissements		22 524 euros
• Terrain	(non amortissable)	
• Construction	19 857 euros	
• Mobilier	2 667 euros	
- Frais financiers		17 928 euros
Résultat net (perte comptable)		- 20 151 euros
Amortissements déductibles : 25001 - [1 920 + 17 928]		5 153 euros

Amortissements à réintégrer		
[22 524 - 5 153]	17 371 euros	
Résultat fiscal		- 2 780 euros

Le coin du fiscaliste

L'article 39 C du Code Général des Impôts a été profondément remanié par la Loi de finances rectificative pour 2006 (article 77) pour les contrats conclus à compter du 1er janvier 2007 ; il établit désormais une distinction selon que la location ou la mise à disposition est consentie par une personne physique ou par une société non soumise à l'impôt sur les sociétés.

Toutefois, ces modifications n'affectent en rien la situation des loueurs meublés qui exercent leur activité via une EURL ou une Sarl de famille, puisque le dispositif de limitation des amortissements précités s'applique en cas de location consentie directement ou indirectement par une personne physique.

3. L'incidence de la réintégration des amortissements sur le traitement fiscal des plus-values

La question de la détermination du montant des plus-values réalisées par les loueurs en meublé doit être appréciée distinctement, selon que l'activité est exercée à titre professionnel ou non.

◆ Lorsque l'activité est exercée à titre non professionnel, les plus-values sont imposables selon le régime fiscal des particuliers.

Les amortissements comptabilisés et, le cas échéant, déduits au plan fiscal, ne font l'objet d'aucune réintégration.

Tout se passe comme si le contribuable n'avait pratiqué aucun amortissement pour la détermination de son résultat comptable et fiscal.

◆ **Lorsque l'activité est exercée à titre professionnel, les plus values sont imposables selon le régime applicable à la généralité des entreprises industrielles et commerciales.**

Les loueurs en meublé professionnels sont susceptibles de bénéficier de l'exonération de taxation prévue à l'article 151 septies VII du Code Général des Impôts ; dans ce cas, ils ne sont pas affectés par la comptabilisation et la déduction fiscale des amortissements relatifs aux biens loués, puisque le montant de la plus-value réalisée n'est pas imposable (cf. chapitre 7 - Les règles fiscales propres aux loueurs en meublé professionnels).

Les loueurs en meublé professionnels qui ne bénéficient pas de l'exonération de taxation prévue par la loi peuvent, en revanche, rencontrer des difficultés particulières.

Il s'agit, en pratique :

- des loueurs en meublé qui ne satisfont pas la condition d'exercice à titre professionnel pendant au moins 5 ans ;
- des loueurs en meublé professionnels satisfaisant à la condition des 5 ans précitée, mais dont le montant des recettes annuelles excède 90 000 ou 126 000 € (exonération dégressive).

La question qui se pose est celle de savoir si les intéressés doivent prendre en compte, pour le calcul de la plus-value à court terme, le montant de l'amortissement réintégré sur le fondement de l'article 39 C du Code Général des Impôts ; en d'autres termes, ces amortissements sont-ils considérés comme des « amortissements déduits pour l'assiette de l'impôt » pour la détermination de la plus-value à court terme en cas de cession d'un bien donné en location ?

La réponse est apportée par les dispositions du 3 du II de l'article 39 C du Code Général des Impôts :

> « *En cas de cession de ce bien, l'amortissement non déduit en application des 1 ou 2 majore la valeur nette comptable prise en compte pour le calcul de la plus-value ou de la moins-value de cession.* »

Ainsi, les amortissements non déduits pour la détermination du résultat fiscal viennent en augmentation de la valeur nette comptable, ce qui diminue, à due concurrence, le montant de la plus-value de cession.

4. Censi-Bouvard : des amortissements dont la déduction fiscale est définitivement interdite

Lorsqu'une personne qui exerce l'activité de location meublée à titre non professionnel réalise une acquisition au bénéfice du dispositif Censi-Bouvard, elle ne peut procéder à la déduction fiscale des amortissements relatifs à la quote-part du prix d'acquisition retenu pour calculer la réduction d'impôt.

Celle-ci est calculée au taux de 25 % sur un montant d'investissement plafonné à 300 000 € par an pour les acquisitions réalisées en 2009 et 2010 et à 18 % du même plafond pour les acquisitions effectuées en 2011 et 2012.

Ainsi, la somme prise en compte pour calculer la réduction d'impôt ne peut, simultanément, être retenue pour la détermination des amortissements déductibles.

Pour autant, le loueur en meublé, s'il relève d'un régime réel d'imposition (régime réel simplifié / régime réel normal) et a inscrit le ou les logements à son actif, est tenu de comptabiliser les amortissements pour déterminer son résultat comptable.

Par suite, les amortissements calculés sur le montant de l'investissement ayant servi à déterminer la réduction d'impôt doivent faire l'objet d'une réintégration fiscale ; ainsi, seul l'amortissement correspondant à la quote-part du prix d'acquisition qui excède 300 000 €, ou encore celui calculé sur les autres éléments d'actif, tels que le mobilier, peut être déduit dans des conditions normales, sous réserve toutefois de l'application de la règle ci-avant évoquée relative à l'amortissement des biens donnés en location (article 39 C. du Code Général des Impôts).

Les amortissements ainsi réintégrés ne sont pas pour autant pris en compte pour le calcul de la plus-value, bien qu'ils n'aient fait l'objet d'aucune déduction fiscale.

Exemple :

M. Davout acquiert au 1er janvier 2009 trois chambres dans un EHPAD pour un montant de 300 000 € hors taxe.

Celles-ci font l'objet d'amortissement de 2,80 % par an, soit 8 400 €.

Il bénéficie d'une réduction d'impôt au taux de 25 %, calculée sur le plafond légal de 300 000 € soit 75 000 €, répartis sur 9 ans.

Les amortissements ne sont pas admis en déduction au plan fiscal.

Il cède ses trois chambres après 10 années de détention pour un prix de 470 000 €.

Etant devenu, entre-temps, professionnel et ne bénéficiant pas du régime d'exonération prévu à l'article 151 septies du Code Général des Impôts, la plus-value est imposable ; celle-ci est calculée par référence à la valeur nette comptable soit :

300 000 € - [8 400 x 10] = 216 000 €.

Le montant de la plus-value s'élève à :

470 000 € - 216 000 € = 254 000 €.

La plus-value est à court terme à concurrence des amortissements comptabilisés, soit 84 000 € et à long terme pour le surplus, soit 170 000 €.

Le coin du fiscaliste

Pour les loueurs en meublé qui ont bénéficié du dispositif Censi-Bouvard, la prise en compte des amortissements non déduits de l'assiette de l'impôt pour le calcul de la valeur nette comptable a pour effet de majorer le montant de la plus-value, alors même que le contribuable n'a bénéficié d'aucune déduction fiscale à raison des amortissements ainsi comptabilisés.

Ce mécanisme apparaît non seulement choquant dans son principe, mais est de nature à soulever de réelles difficultés pour les contribuables qui devront simultanément réintégrer les amortissements au titre de la règle de non-déductibilité de l'amortissement des biens donnés en location, mais également parce qu'ils ont réalisé une ou plusieurs acquisitions Censi-Bouvard.

Comment déterminer l'ordre de réintégration des amortissements puisque la réintégration Bouvard est définitive alors que l'amortissement des biens donnés en location peut faire l'objet d'une imputation ultérieure ?

De surcroît, comment calculer la plus-value imposable si l'on ne peut identifier, avec certitude, si la réintégration opérée provient de l'article 39 C du Code Général des Impôts ou, au contraire, de la réalisation d'une acquisition Censi-Bouvard ?

Cette situation devrait, heureusement, ne pas être fréquente puisqu'elle ne peut concerner que les personnes qui, après avoir réalisé une opération au bénéfice de la réduction d'impôt Censi-Bouvard, deviennent ultérieurement loueurs en meublé professionnels sans pour autant bénéficier de l'exonération réservée aux petites entreprises (article 151 septies du Code Général des Impôts).

Section 4 - La taxation des plus-values

La taxation des plus-values dépend du statut fiscal du loueur en meublé au moment de la vente.

Les loueurs en meublé non professionnels relèvent du régime de taxations des plus-values des particuliers (articles 150 U à 150 VH du Code Général des Impôts) (cf. chapitre 6 - Les règles fiscales propres aux loueurs en meublé non professionnels).

Les loueurs en meublé professionnels relèvent du régime de taxation propre aux entreprises industrielles et commerciales, sauf lorsqu'ils n'ont pas inscrit à leur actif les biens immobiliers cédés.

Ils sont toutefois susceptibles de bénéficier de l'exonération prévue par la loi en faveur des petites entreprises lorsqu'ils exercent l'activité à titre professionnel depuis au moins cinq ans (cf. chapitre 7 - Les règles fiscales propres aux loueurs en meublé professionnels).

Le coin du fiscaliste

Les loueurs en meublé - professionnels ou non - qui cèdent de façon régulière des biens affectés à l'activité locative encourent le risque d'être qualifiés de marchands de biens par l'administration fiscale, puisque le caractère habituel des cessions et le profit qui en résulte correspondent aux critères retenus par la doctrine et la jurisprudence pour qualifier les ventes de spéculatives.

Dans une telle hypothèse, la fiscalité attachée à l'opération ne sera pas celle des plus-values, mais celle des ventes réalisées par les personnes qui exercent une activité de négoce, dans le cadre des bénéfices industriels et commerciaux.

Section 5 - La détermination du résultat fiscal des loueurs en meublé relevant d'un régime réel d'imposition

Le résultat fiscal des loueurs en meublé correspond à la différence entre le montant des recettes locatives et les charges et amortissements exposés pour les besoins de l'activité.

Le calcul des recettes

Les recettes sont constituées par le montant des loyers hors taxes, encaissés ou non.

Cette règle, propre aux bénéfices industriels et commerciaux, est différente de celle qui s'applique aux revenus fonciers où seuls les loyers effectivement encaissés sont déclarés.

Le calcul des charges et amortissements

Sont notamment déductibles à ce titre :

- les factures d'entretien et de réparation ;
- la taxe foncière (si le local est inscrit à l'actif) ;
- la Contribution Économique Territoriale ;
- les frais de gestion ;
- les frais d'assurance ;
- l'amortissement des locaux (s'ils sont inscrits à l'actif)[1] ;
- l'amortissement du matériel et du mobilier (si ceux-ci sont inscrits à l'actif) ;

1. À l'exclusion des logements ayant bénéficié du dispositif Censi-Bouvard, dans le cadre d'un plafond annuel d'investissement de 300 000 €

- les intérêts d'emprunt (si le bien financé est inscrit à l'actif) ;
- les cotisations versées au RSI par l'exploitant.

À retenir :
Les frais et charges d'exploitation sont déductibles lorsqu'ils sont exposés dans le cadre et pour les besoins de l'activité locative, et qu'ils sont accompagnés de justificatifs.

Section 6 - Le sort des déficits fiscaux

Le traitement des déficits fiscaux dépend du statut fiscal du loueur en meublé.

Lorsque l'activité locative est exercée à titre professionnel, le montant du déficit fiscal est imputable sur le revenu global du contribuable (cf. chapitre 7 - Les règles fiscales propres aux loueurs en meublé professionnels).

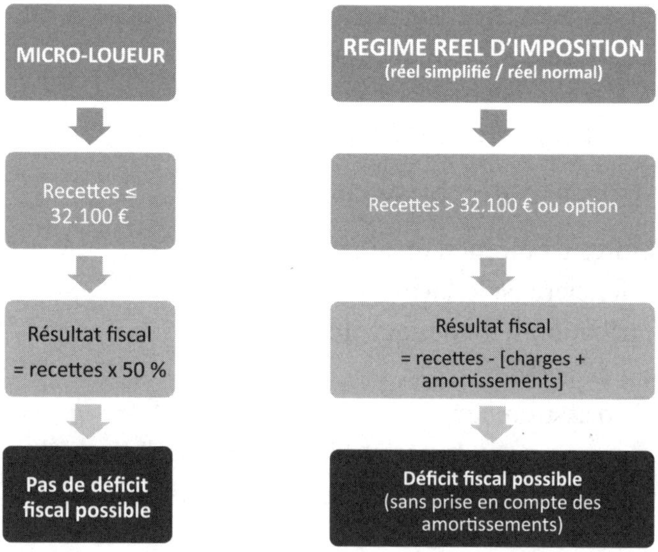

Lorsque l'activité est exercée à titre non professionnel, le déficit fiscal ne peut être imputé que sur les bénéfices des locations meublées, également réalisées à titre non professionnel, dans la limite des 10 années qui suivent (cf. chapitre 6 - Les règles fiscales propres aux loueurs en meublé non professionnels).

Les micro-loueurs sont, pour leur part, interdits de déficits, puisque leur résultat fiscal est déterminé par application d'un abattement forfaitaire de 50 % du montant de leurs recettes locatives.

Chapitre 6

Les règles fiscales propres aux loueurs en meublé non professionnels

Points clés

✓ les plus-values réalisées par les loueurs en meublé non professionnels sont taxées selon le régime applicable aux particuliers;

✓ les déficits fiscaux constatés par les loueurs non professionnels sont reportables pendant dix ans sur les revenus de même nature.

Les personnes qui exercent l'activité locative à titre non professionnel connaissent des règles particulières en ce qui concerne :

- la déduction des déficits fiscaux ;
- la taxation des plus-values :
- la déduction des amortissements si elles ont réalisé un investissement Censi-Bouvard.

La fiscalité des micro-loueurs obéit également à des règles spécifiques.

1. Des déficits fiscaux non imputables sur le revenu global

Lorsque l'activité de location est exercée à titre non professionnel, les déficits fiscaux constatés ne peuvent s'imputer sur le revenu global du contribuable.

Ils ne sont pas perdus pour autant, puisque la loi autorise le loueur non professionnel à imputer le montant du déficit constaté au titre d'une année sur les revenus provenant de la même activité réalisée également à titre non professionnel au titre des 10 années suivantes.

C'est ainsi qu'un contribuable qui déclare, en 2009, un déficit fiscal de 9 800 € au titre d'une activité de location meublée non professionnelle, a la faculté de reporter ce déficit sur le résultat bénéficiaire généré par la même activité, également réalisée à titre non professionnel, des années 2010 à 2019 inclusivement.

Si ce même contribuable devient loueur professionnel au cours de la même période, cette faculté d'imputation est suspendue pendant les années où il perd la qualité de non professionnel.

Il lui est loisible, néanmoins, de reprendre le processus d'imputation de ces déficits s'il redevient loueur non professionnel avant l'expiration de la période de 10 ans précitée.

Exemple :

M. Bernard exerce l'activité de loueur en meublé à titre non professionnel et constate, en 2009, un déficit de 9 800 €.
Au cours des années 2010 à 2017, il remplit des conditions pour être qualifié de loueur professionnel.
Il redevient loueur non professionnel en 2018 et 2019, années au cours desquelles il réalise successivement des bénéfices de 7 800 et 8 000 €.
Il aura la faculté d'imputer son déficit fiscal de l'année 2009 à concurrence de 7 800 € sur le résultat bénéficiaire de l'année 2018 et pour le reliquat, soit 2 000 € sur le résultat bénéficiaire de l'année 2019.

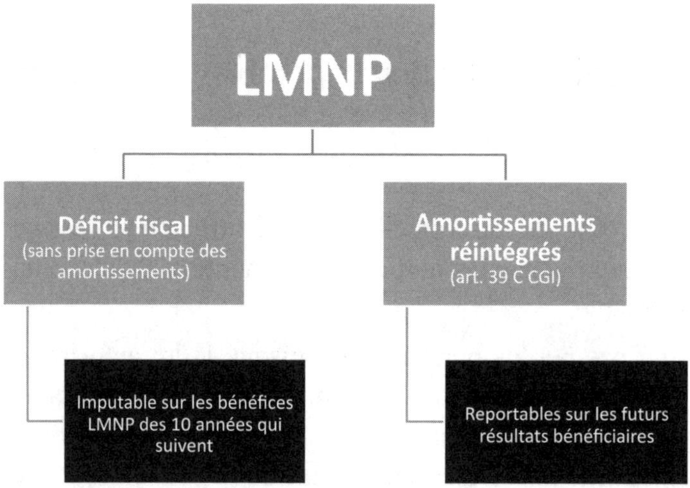

2. Des plus-values taxées comme celles des particuliers

Les loueurs en meublé non professionnels relèvent du régime de taxation des plus-values des particuliers (article 150 U à 150 du Code Général des Impôts).

Ce régime est caractérisé, en particulier, par :

- l'application d'un abattement de 10 % par année de détention au-delà de la cinquième année ;
- une exonération totale des taxations après 15 années de détention ;
- une taxation à taux proportionnel fixé, pour les plus-values réalisées en 2011, à 31,3 % dont 19 % d'imposition fiscale et 12,3 % de prélèvements sociaux additionnels.

La doctrine administrative précise que le régime de taxation de la plus-value dépend de la situation fiscale du loueur en meublé au moment de la vente, ce qui signifie que si le vendeur est non professionnel, il relève du régime des plus-values des particuliers, alors que s'il est professionnel il relève du régime applicable à la généralité des commerçants et autres exploitants relevant des bénéfices industriels et commerciaux.

En cas de doute sur le statut fiscal du loueur en meublé, à la date de la cession, la doctrine administrative admet que la plus-value soit déclarée selon le régime d'imposition applicable au loueur l'année qui précède la cession.

C'est ainsi que si celui-ci était non professionnel, la plus-value est déclarée selon le régime fiscal applicable aux particuliers.

S'il apparaît, ultérieurement, que l'activité de location meublée a été exercée à titre professionnel l'année de la cession, la plus-value doit faire l'objet d'une régularisation, celle-ci intervenant lors de l'imposition des revenus de l'année de cession (cf. Chapitre 8 : Le changement de statut fiscal).

Le coin du fiscaliste

Le régime de taxation des plus-values des particuliers ne porte que sur la vente des locaux d'habitation.

Il n'est pas tenu compte de l'incidence des amortissements comptabilisés pendant la période de location meublée, même lorsque ceux-ci ont été pris en compte pour diminuer le montant du résultat fiscal.

Cette règle constitue une véritable singularité au regard de l'application des règles régissant les bénéfices industriels et commerciaux, puisque celles-ci prévoient, en règle générale, que les amortissements déduits par l'exploitant fassent l'objet d'une reprise lors du calcul de la plus-value, celle-ci étant déterminée par référence à la valeur nette comptable, c'est-à-dire au prix de revient diminué du montant des amortissements déduits pour l'assiette de l'impôt.

La cession des autres éléments de l'actif immobilisé, tels que les agencements et équipements à caractère mobilier, relève du régime des bénéfices industriels et commerciaux, selon la distinction traditionnelle court terme / long terme, étant précisé que la plus-value est toujours imposable à court terme à concurrence des amortissements déduits pour l'assiette de l'impôt.

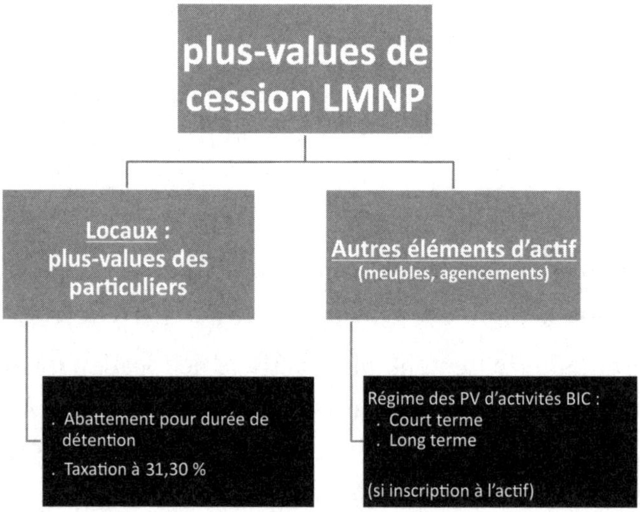

3. Le cas particulier des amortissements relatifs aux investissements Censi-Bouvard

L'acquisition de logements au bénéfice du dispositif Censi-Bouvard prive les loueurs en meublé de la faculté de déduire – au plan fiscal – les amortissements comptabilisés, dès lors que ceux-ci ont trait à des investissements pris en compte pour le calcul de la réduction d'impôt (cf. chapitre 9).

Cette limitation, qui présente un caractère définitif, ne s'applique toutefois qu'à concurrence du plafond annuel d'investissement de 300 000 € prévu par la loi.

4. Le cas particulier des micro-loueurs

Depuis le 1er janvier 2009, les personnes qui louent des locaux d'habitation meublés et dont le montant des recettes annuelles n'excède pas 32 600 € (seuil applicable en 2011) relèvent, de plein droit, du régime de la micro-entreprise.

Celui-ci est caractérisé par l'application d'un abattement forfaitaire de 50 % réputé correspondre à la déduction des frais, charges et amortissements relatifs à l'activité locative.

Bien que rien n'interdise aux personnes qui exercent l'activité de loueur en meublé professionnel de relever du régime de la micro-entreprise, il est constaté que très peu de micro-loueurs se déclarent en qualité de professionnels.

Ce régime apparaît moins favorable depuis la modification des seuils instituée par la Loi de finances pour 2009, puisque l'abattement forfaitaire pour frais, charges et amortissements, a été ramené de 71 % à 50 %.

Le micro-loueur bénéficie toutefois d'une simplification de ses obligations déclaratives, puisqu'il est dispensé de produire une déclaration professionnelle chaque année.

Il lui suffit de mentionner, sur sa déclaration de revenu, le montant des loyers annuels et de satisfaire aux rares obligations déclaratives mises à sa charge.

Demeurent néanmoins soumises à l'ancien seuil, aujourd'hui porté à 81 500 €, les locations de meublés de tourisme, chambres d'hôtes ou gîtes ruraux ; le montant de l'abattement forfaitaire est alors fixé à 71 %.

Le coin du fiscaliste

Le mode de fixation du résultat fiscal des micro-loueurs, régime qui s'applique de plein droit à tous les loueurs en meublé dont le montant des recettes annuelles n'excède pas 32 600 € H.T., s'avère, le plus souvent, défavorable au contribuable ; en effet, l'abattement de 50 % pour frais, charges et amortissements prévu par la loi, est le plus souvent moins intéressant que la déduction fiscale résultant de la comptabilisation des amortissements, d'autant que le loueur en meublé qui relève d'un régime réel d'imposition peut également déduire, sous certaines conditions, le montant de l'ensemble des dépenses exposées dans le cadre de l'activité telles que la taxe foncière, l'assurance, certaines charges de copropriété ou encore les frais de comptabilité.

Il est, dès lors, important de comparer le résultat fiscal, après application de l'abattement de 50 %, avec celui qui résulterait de la prise en compte des frais réellement exposés et de la déduction des amortissements.

Ce calcul aboutit, dans la majorité des cas, à opter pour un régime réel d'imposition.

Chapitre 7

Les règles fiscales propres aux loueurs en meublé professionnels

Points clés

✓ les loueurs en meublé professionnels peuvent imputer le déficit fiscal issu de l'activité sur leur revenu imposable ;

✓ les plus-values réalisées par les loueurs en meublé professionnels sont susceptibles d'être exonérées lorsque l'activité est exercée à titre professionnel depuis au moins cinq ans.

Les personnes qui exercent l'activité locative à titre professionnel relèvent de règles fiscales particulières en ce qui concerne :

- l'imputation de leurs déficits fiscaux ;
- le régime de taxation de leurs plus-values.

1. Des déficits fiscaux imputables sur le revenu global

L'un des attraits majeurs du statut de loueur en meublé professionnel est d'autoriser l'imputation du déficit fiscal sur le revenu imposable du contribuable.

Ainsi, les personnes fortement imposées ont la faculté, en réalisant des investissements mobiliers à vocation locative, de diminuer de façon significative leur base d'imposition et, par suite, le montant de leur impôt sur le revenu.

La particularité de ce statut fiscal est qu'il permet de bénéficier de cette faculté d'imputation sans pour autant exiger du loueur en meublé qu'il participe directement à l'activité, alors que cette condition s'applique à tous les autres exploitants dont l'activité relève des bénéfices industriels et commerciaux (BIC).

Les personnes qui exercent l'activité de location meublée à titre professionnel peuvent imputer les déficits fiscaux constatés sur leur revenu imposable, sans limitation de montant.

Cette faculté trouve matière à application pendant toute la période où la location meublée est exercée à titre professionnel ; il est rappelé que les deux conditions de recettes prévues par la loi sont appréciées au niveau du foyer fiscal, ce qui signifie qu'il convient de prendre en compte la totalité des recettes de location meublée réalisées par l'ensemble des personnes qui composent le foyer fiscal.

La quote-part du déficit provenant des amortissements comptabilisés n'est cependant pas prise en compte pour le calcul du déficit fiscal imputable.

Le coin du fiscaliste

Une mesure de tempérament

Les deux conditions de recettes prévues par la loi doivent être respectées chaque année, ce qui signifie que si, au titre d'une année particulière, l'une ou l'autre, voire les deux conditions de recettes visées à l'article 151 septies du C.G.I n'étaient pas satisfaites, le résultat fiscal constaté par le contribuable présenterait un caractère non professionnel.

La rigueur de cette règle aboutit à une conséquence inéquitable lorsqu'un contribuable acquiert, en l'état futur d'achèvement, le ou les biens immobiliers destinés à être loués meublés ; dans cette hypothèse, en effet, il expose, le plus souvent, des dépenses au titre d'une année où il ne peut satisfaire aux conditions légales de recettes, puisque le ou les logements sont en cours de construction.

Le déficit fiscal résultant de ces dépenses constitue alors un résultat non professionnel qui ne peut être imputé sur le revenu global, mais seulement sur des bénéfices de location meublée non professionnelle réalisés au cours des dix années qui suivent.

Or, les intéressés ont vocation à devenir loueurs en meublé professionnels dès l'année suivante, ce qui signifie que le déficit résultant des dépenses exposées à l'occasion de l'acquisition risque d'être perdu, ce qui entraînerait une impossibilité définitive de déduire lesdites dépenses.

La loi admet, dans cette hypothèse, que si le contribuable remplit les conditions requises pour être qualifié de loueur en meublé professionnel dès la mise en location de l'immeuble, la part des déficits qui n'a pu être imputée et qui provient des charges engagées en vue de la location directe ou indirecte de cet immeuble, avant le commencement de la location, peut être imputée par tiers sur le revenu global des trois premières années de location du local, tant que l'activité de location meublée est exercée à titre professionnel.

Attention : Dans l'hypothèse où le loueur en meublé constate, au titre de la même année, des déficits antérieurs provenant de la location d'un autre local meublé qui ne répond pas à ces conditions, ces déficits ne peuvent bénéficier du mécanisme de répartition par tiers précité.

Pour bénéficier pleinement de cette mesure de tempérament, il est impératif que la location meublée conserve son caractère professionnel pendant trois années consécutives. Si la location devenait non professionnelle pendant ce laps de temps, la possibilité d'imputation (par tiers) serait définitivement perdue, même si, ultérieurement, elle redevenait professionnelle.

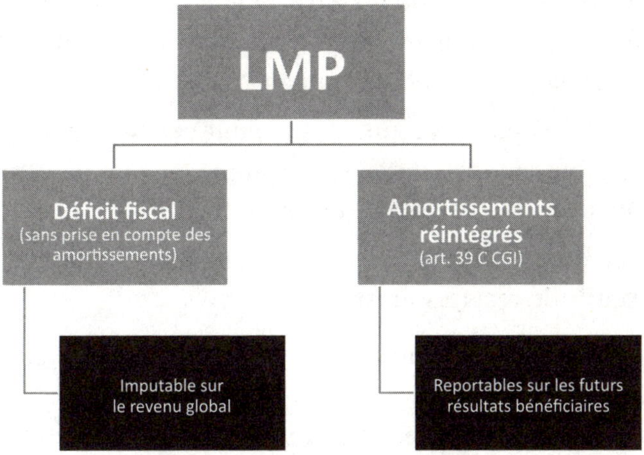

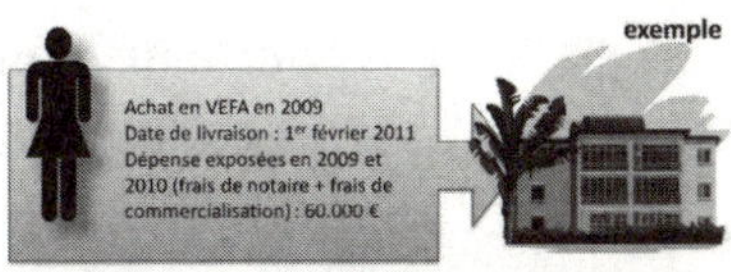

années	Déficit fiscal	Imputation sur le revenu global
2011	12.000 €	12.000 + 20.000 = 32.000 €
2012	4.000 €	4.000 + 20.000 = 24.000 €
2013	0 €	0 + 20.000 = 20.000 €

Attention : Si l'activité devient non professionnelle au cours de l'une de ces trois années, la faculté d'imputation disparaît définitivement.

2. Des plus-values professionnelles, mais susceptibles d'être exonérées

Les personnes qui exercent l'activité de location meublée à titre professionnel relèvent du régime des plus-values professionnelles lorsqu'elles vendent un ou plusieurs biens immobiliers inscrits à l'actif de leur exploitation.

Ce régime est caractérisé par la distinction court terme / long terme, la plus-value étant toujours à court terme à concurrence des amortissements déduits pour l'assiette de l'impôt.

Les loueurs en meublé professionnels peuvent, toutefois, bénéficier du régime d'exonération prévu à l'article 151 septies VII du Code Général des Impôts, sous réserve qu'ils exercent leur activité, à titre professionnel, depuis au moins cinq ans.

La doctrine administrative admet que pour calculer la durée d'exercice à titre professionnel, il soit tenu compte, en cumul, des périodes où l'activité a été exercée à titre professionnel.

Le bénéfice de ces dispositions est cependant subordonné à l'existence de seuils de recettes locatives :

- l'exonération est totale lorsque le montant de recettes annuelles est inférieur à 90 000 € ;
- l'exonération est partielle lorsque le montant des recettes est compris entre 90 000 et 126 000 €.

Les recettes sont prises en compte pour leur montant HT.

Le montant à retenir correspond à la moyenne des recettes réalisées au titre des exercices, (le cas échéant, ramenés à 12 mois), clos au cours des deux années civiles qui précèdent celui au cours duquel est constatée la plus-value.

Exemples :

1

M. LAFARGE, loueur en meublé professionnel depuis plus de 5 ans cède, au mois de janvier 2011, un appartement affecté à l'exercice de son activité locative.

Il a déclaré, au titre des deux années qui précèdent la cession, les montants de recettes suivants :

- 2009 : 91 000 € ;
- 2010 : 82 000 €.

La moyenne de ces recettes s'élève à :

91 000 + 82 000 / 2 = 86 500 €.

La moyenne de ses recettes est inférieure à **90 000 €.**

La plus-value réalisée en 2011, année au cours de laquelle M. Lafarge conserve le statut de loueur en meublé professionnel, sera totalement exonérée même si, en 2009, le seuil de 90 000 € de recettes annuelles a été dépassé.

Lorsque le montant des recettes annuelles est compris entre 90 000 € et 126 000 €, la fraction de la plus-value exonérée est déterminée en appliquant au montant de la plus-value réalisée un taux égal au rapport suivant :

(126 000 € - montant des recettes) / 36 000 €.

2

M. Valton, loueur en meublé professionnel depuis 12 ans, réalise, en 2009, une plus-value immobilière d'un montant de 80 000 €, à raison de la vente d'un appartement meublé.

Le montant moyen de ses recettes est de 108 000 € HT.

Dépassant le seuil de 90 000 € de recettes annuelles, il bénéficie d'une exonération partielle calculée comme suit :

126 000 - 108 000 / 36 000 = 0,5 :

La plus-value réalisée sera exonérée à concurrence de :

80 000 x 0,5 = 40 000 €

À retenir :

Les personnes qui exploitent des gîtes ruraux, chambres d'hôtes ou meublés de tourisme sont susceptibles de bénéficier de l'exonération de taxation de plus-value dans les conditions ci-avant exposées, avec application des seuils de 90 000 et 126 000 € ; elles peuvent, néanmoins, relever des seuils applicables aux entreprises relevant de la para-hôtellerie (250 000 € / 350 000 €) si, en raison des services fournis à leurs clients, leur activité relève de la prestation de services et non de la simple location meublée.

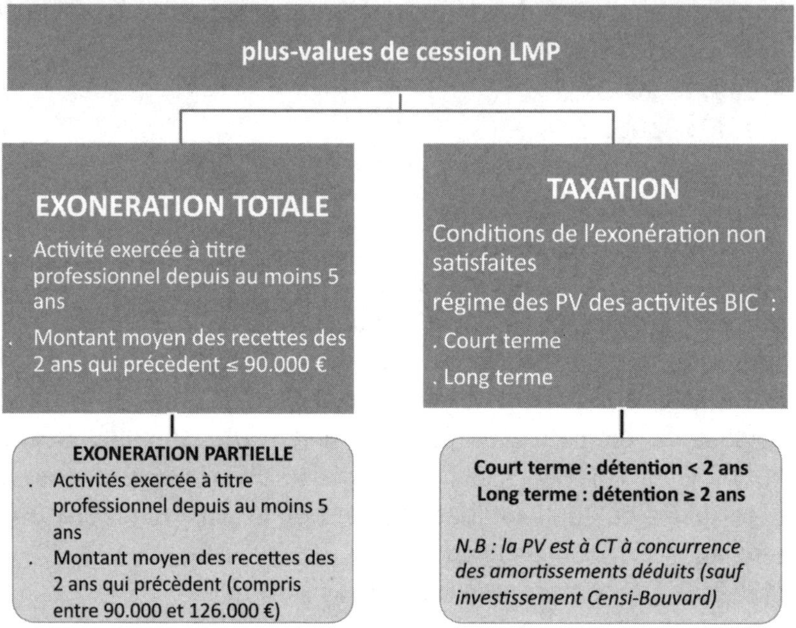
plus-values de cession LMP
EXONERATION TOTALE
. Activité exercée à titre professionnel depuis au moins 5 ans
. Montant moyen des recettes des 2 ans qui précèdent ≤ 90.000 €
TAXATION
Conditions de l'exonération non satisfaites
régime des PV des activités BIC :
. Court terme
. Long terme
EXONERATION PARTIELLE
. Activités exercée à titre professionnel depuis au moins 5 ans
. Montant moyen des recettes des 2 ans qui précèdent (compris entre 90.000 et 126.000 €)
Court terme : détention < 2 ans
Long terme : détention ≥ 2 ans
N.B : la PV est à CT à concurrence des amortissements déduits (sauf investissement Censi-Bouvard)

Chapitre 8

Le changement de statut fiscal

> **Points clés**
>
> ✓ la perte du satut LMP ne remet pas en cause la déduction des amortissements ;
>
> ✓ La plus-value est taxée selon le régime fiscal dont relève le loueur en meublé lors de la cession ;
>
> ✓ La loi prévoit des mesures particulières en cas de changement de statut fiscal du loueur en meublé.

Il est fréquent que les personnes qui, exerçant l'activité à titre professionnel, deviennent loueurs non professionnels, surtout depuis le durcissement législatif intervenu le 1er janvier 2009.

La situation inverse, bien que plus rare, peut également se produire.

Ces changements de statut fiscal ne sont pas sans incidences sur la situation fiscale des intéressés.

Il convient de distinguer les conséquences fiscales de la perte du statut LMP, des difficultés rencontrées en matière de taxation des plus-values.

Section 1 - Les conséquences fiscales de la perte du statut LMP

Contrairement à ce qui avait été redouté lors de la publication de la loi de Finances pour 2009, qui a durci les conditions de l'éligibilité au statut de loueur en meublé professionnel, la perte de ce statut n'a, dans la majorité des cas, que peu d'incidences.

En premier lieu, elle n'affecte en rien les modalités de comptabilisation ou de déduction des amortissements, puisque les loueurs en meublé, qu'ils soient professionnels ou non, relèvent des mêmes règles en ce qui concerne la comptabilisation et la déduction des amortissements ; c'est ainsi, par exemple, qu'un loueur en meublé professionnel qui dispose d'une réserve d'amortissements réintégrés sur le fondement de l'article 39 C du Code Général des Impôts (*cf.* chapitre 5), conserve la faculté de déduire son stock d'amortissements de ses futurs revenus de locations meublées même si, entretemps, il est devenu loueur en meublé non professionnel, sous réserve qu'il demeure soumis à un régime réel d'imposition.

En revanche, la perte du statut LMP n'autorise plus l'imputation des déficits fiscaux sur le revenu imposable du contribuable, ceux-ci étant désormais reportables sur les revenus de location meublée pendant une période de 10 ans.

Toutefois, la perte de cet avantage n'affecte que peu de personnes puisque, le plus souvent, les loueurs professionnels ont déjà bénéficié de l'imputation du déficit fiscal engendré par les frais d'acquisition (commissions d'intermédiaires, frais d'actes et de notaire) lors de la première année d'exploitation, lorsqu'ils ont acquis les biens destinés à être loués meublés.

En effet, le déficit fiscal constaté au titre des années qui suivent n'est, en règle générale, que peu important et correspond, pour l'essentiel, à la différence entre le taux de rendement des locaux loués et le taux d'intérêt de l'emprunt ou des emprunts souscrits pour financer l'acquisition des biens.

Section 2 - Plus-values : le casse-tête du changement de statut fiscal

2.1. Plus-values : la perte de l'exonération réservée aux loueurs en meublé professionnels

L'exonération de taxation des plus-values prévue à l'article 151 septies-VII du Code Général des Impôts ne bénéficie plus aux personnes qui ont perdu le statut de loueur en meublé professionnel.

En effet, lorsque l'activité locative devient non professionnelle, le contribuable relève du régime des plus-values des particuliers, caractérisé par un abattement de 10 % par année de détention au-delà de la 5e année et une taxation à taux forfaitaire (31,3 % en 2011).

Toutefois, la perte de cet avantage n'affecte, en réalité, qu'un nombre restreint de loueurs en meublé, dès lors que les investissements sont, le plus souvent, réalisés dans la perspective de bénéficier d'un complément de revenus pour la retraite et n'ont donc pas vocation à être revendus.

De surcroît, à supposer que le loueur en meublé, devenu non professionnel, soit conduit, pour des raisons financières ou patrimoniales, à vendre un ou plusieurs biens affectés à l'activité locative, la doctrine administrative admet qu'il soit tenu compte de la totalité des années de détention, y compris celles où l'activité a été exercée à titre professionnel, pour calculer l'abattement annuel de 10 % applicable à la plus-value après 5 années de détention.

Ainsi, la perte du statut LMP n'a véritablement de conséquences que lorsque le loueur procède à la vente de biens en bénéficiant, à cette occasion, d'une plus-value importante.

Il convient cependant, dans cette situation, d'être prudent, car la cession de plusieurs biens sur une courte période peut inciter l'Administration fiscale à retenir la qualification de marchand de biens.

2.2. *Le régime de taxation de la plus-value dépend de la situation du contribuable au jour de la cession*

Les nouvelles règles qui régissent les locations meublées présentent, de prime abord, l'apparence de la simplicité : le régime fiscal applicable à la plus-value est déterminé en fonction de la situation du contribuable au moment de la cession :

- si au jour de la vente du logement, l'intéressé a la qualité de loueur en meublé professionnel, la plus-value constatée relève du régime des plus-values professionnelles ;
- si à la date de la cession du logement, il exerce à titre non professionnel, la plus-value est taxée selon le régime des plus-values des particuliers.

Lorsqu'il a eu successivement la qualité de loueur professionnel, puis est devenu non professionnel, la plus-value relative à la cession relève du régime d'imposition applicable aux particuliers.

Le coin du fiscaliste

Mesure de tolérance

La difficulté provient de ce que le contribuable ne sait pas toujours - avec certitude - s'il a la qualité de professionnel ou de non professionnel au moment où il vend un ou plusieurs biens immobiliers inscrits à son actif ; l'appréciation du seuil de recettes prévu par la loi ne peut, en effet, être effectuée qu'après coup, lorsque le contribuable connaît, d'une part, le montant des loyers annuels résultant de son activité locative et d'autre part, le total des revenus d'activité de son foyer fiscal.

En cas d'incertitude, l'administration admet que la plus-value soit déterminée selon les règles applicables au statut qu'avait le loueur l'année précédente.

Si l'intéressé a, entre-temps, changé de statut, il sera tenu d'opérer une régularisation auprès des services fiscaux, afin de soumettre la plus-value aux règles de taxation appropriées.

Il ne supporte ni pénalités ni intérêts de retard du fait de la régularisation ainsi effectuée.

2.3. Les conséquences du changement de statut fiscal sur le calcul des plus-values

Une distinction doit être opérée entre la situation de la personne qui a eu successivement la qualité de loucur non professionnel puis de loueur professionnel et celle du contribuable qui, après avoir eu la qualité de loueur professionnel, devient non professionnel.

Le cas du loueur non professionnel qui devient professionnel

La plus-value est calculée selon le régime applicable aux plus-values professionnelles, ce qui signifie que le loueur en meublé est susceptible de bénéficier, toutes autres conditions étant remplies par ailleurs, du régime d'exonération prévu à l'article 151 septies VII du Code Général des Impôts.

En revanche, dans l'hypothèse où le bien a figuré successivement dans le patrimoine privé puis dans le patrimoine professionnel du loueur meublé, il y a lieu de faire application du régime des « biens migrants ».

Celui-ci est caractérisé par le décompte de deux plus-values successives :

- une plus-value taxable selon le régime applicable aux particuliers au titre de la période courant de la période d'acquisition du bien à celle de son inscription à l'actif;
- une plus-value calculée selon le régime des plus-values professionnelles pour la période comprise entre la date d'inscription à l'actif et celle de la cession du bien.

Le cas de la personne ayant eu successivement la qualité de loueur professionnel, puis de non professionnel

La plus-value relative à la cession relève du régime des plus-values des particuliers.

Dans cette hypothèse, l'abattement pour durée de détention, égal à 10 % du montant de la plus-value par année de détention au-delà de la cinquième année, est calculé en fonction du nombre d'années de détention du logement depuis son acquisition.

Selon la doctrine administrative, dans cette hypothèse, une seule plus-value est déterminée selon les règles applicables aux particuliers, même dans l'hypothèse où pendant une ou plusieurs années, le loueur en meublé a exercé à titre professionnel.

Point important : les plus-values relatives aux autres éléments de l'actif immobilisé, tels que les meubles et agencements mobiliers, relèvent du régime des plus-values professionnelles, selon la distinction court terme / long terme applicable à la généralité des personnes qui exercent des activités de nature industrielle et commerciale.

Le coin du fiscaliste

Il y a lieu de se réjouir de ce que, pour le calcul de la plus-value des particuliers applicable aux loueurs en meublé non professionnels, il soit tenu compte des périodes où l'activité a été exercée à titre professionnel, même dans l'hypothèse où le ou les biens immobiliers cédés ont été inscrits à l'actif du bilan.

Cette mesure était nécessaire car le contribuable aurait, autrement, été tenu de décompter deux plus-values successives, une plus-value professionnelle et une plus-value non professionnelle, ce qui signifie, en particulier, qu'il aurait dû, après coup, déterminer la valeur vénale du ou des biens cédés au jour de la perte de son statut de loueur professionnel.

Une telle obligation l'aurait confronté à des difficultés quasi insurmontables lors de la souscription de la déclaration de plus-value.

Chapitre 9

La réduction d'impôt Censi-Bouvard

Points clés

- ✓ l'accès à la réduction d'impôt Censi-Bouvard est réservé aux loueurs en meublé non professionnels ;
- ✓ le montant de l'investissement pris en compte pour calculer la réduction d'impôt ne peut donner lieu à la comptabilisation d'amortissements déductibles ;
- ✓ l'avantage fiscal est subordonné à la souscription d'un engagement de location de neuf ans.

1. Présentation du dispositif

Un nouvel avantage fiscal est désormais offert aux loueurs en meublé non professionnels, grâce à la réduction d'impôt Censi-Bouvard codifiée à l'article 199 sexvicies du Code Général des Impôts ; celle-ci bénéficie aux personnes physiques qui, entre le 1er janvier 2009 et le 31 décembre 2012, font l'acquisition d'un ou plusieurs logements au sein de résidences avec services qui présentent une utilité économique ou sociale telles que les résidences pour étudiants, les résidences pour personnes âgées, les résidences seniors ou encore les résidences de tourisme classées.

Ce nouveau dispositif présente certaines similitudes avec la Loi Scellier qui offre une réduction d'impôt comparable dans son principe, sinon dans son montant.

Il existe, cependant, de réelles différences entre les deux mécanismes, puisque le dispositif Censi-Bouvard, réservé au secteur de la location meublée non professionnelle, relève des bénéfices industriels et commerciaux (BIC), alors que la Loi Scellier correspond à la location de locaux nus (revenus fonciers).

La réduction d'impôt est subordonnée à l'engagement du propriétaire de louer le logement meublé pour une durée minimale de 9 ans à l'exploitant de la résidence.

La réduction d'impôt bénéficie au contribuable domicilié en France qui procède à l'acquisition, entre le 1er janvier 2009 et le 31 décembre 2012, d'un ou plusieurs logements destinés à être loués meublés à titre non professionnel.

Sont concernés les investissements suivants :

- logements neufs ;
- logements acquis en l'état futur achèvement ;
- logements achevés depuis au moins 15 ans qui font, préalablement à leur acquisition, l'objet d'une réhabilitation ;
- logements achevés depuis au moins 15 ans qui font, postérieurement à leur acquisition, l'objet de travaux de réhabilitation.

2. Investissements ouvrant droit à la réduction d'impôt

La réduction d'impôt est réservée à l'acquisition de logements acquis neufs ou en état de futur achèvement, voire achevés depuis au moins 15 ans et qui font l'objet de travaux de réhabilitation au sein des résidences suivantes :

- établissement social ou médico-social d'accueil des personnes âgées ;
- établissement social ou médico-social d'accueil des personnes handicapées ;
- établissement de soins de longue durée ;
- résidence avec services pour personnes âgées ou handicapées ayant obtenu l'agrément « qualité » ;
- logement destiné à l'accueil familial salarié ;
- résidence avec services pour étudiants ;
- résidence de tourisme classée.

3. Conditions à respecter pour bénéficier de l'avantage fiscal

Le bénéfice de la réduction d'impôt est subordonné au respect de certaines conditions :

- une acquisition réservée aux personnes physiques ;
- un engagement de location d'au moins 9 ans ;
- un dispositif réservé aux loueurs en meublé non professionnels ;
- des délais de mise en location très brefs. Le bénéfice de la réduction d'impôt est en effet subordonné à la mise en location du logement dans un délai d'un mois à compter de sa date d'acquisition ou de sa date d'achèvement (si le logement a été acquis en état de futur d'achèvement) ;
- en présence de logements achevés depuis au moins 15 ans, le délai d'un mois pour la mise en location s'apprécie à compter de la date d'achèvement des travaux de réhabilitation.

4. réduction d'impôt : les modalités de calcul

Contrairement au dispositif Scellier, la Loi ne prévoit aucune limitation du nombre de logements susceptibles d'être acquis par le contribuable au titre d'une même année d'acquisition.

La seule limitation a trait à l'existence d'un plafond annuel d'investissement de 300 000 € correspondant au prix d'acquisition ou de revient du logement, de ses dépendances immédiates et nécessaires, et de la fraction du prix relative aux parties communes de l'immeuble.

Ce montant est apprécié hors taxes lorsque l'acquéreur bénéficie du remboursement de la TVA lié à son acquisition.

La réduction d'impôt ne peut être calculée sur le prix d'acquisition des meubles qui garnissent le ou les logements acquis par l'investisseur.

5. Une réduction d'impôt dont le taux varie selon la date d'acquisition du logement

Le dispositif Censi-Bouvard prévoyait, à l'origine, que le taux de réduction d'impôt soit de 25 % pour les acquisitions réalisées en 2009 et en 2010 et de 20 % pour celles intervenant au cours des années 2011 et 2012.

L'article 105 de la Loi de finances pour 2011 a toutefois ramené ce dernier taux à 18 %, étant toutefois précisé que le taux de la réduction d'impôt est maintenu à 20 % lorsque le contribuable a matérialisé sa décision d'acquisition par la signature d'un engagement pouvant prendre la forme d'un contrat de réservation, sous la double condition que :

- celui-ci ait été déposé au rang des minutes d'un notaire ou enregistré au service des impôts avant le 31 décembre 2011 ;
- que l'acte de vente ait été régularisé avant le 31 mars 2011.

À noter :

Le plan gouvernemental de réduction du déficit annoncé le 24 août par le Premier ministre laisse prévoir une diminution du taux de la réduction d'impôt, qui pourrait être ramené de 18 à 16 ou 15 %, voire moins, dans le cadre de la prochaine loi de finances ou loi de finances rectificative.

6. Un avantage fiscal réparti sur 9 ans

La réduction d'impôt est opérée à partir de l'année d'acquisition du logement (logement acquis neuf ou réhabilité), de l'année d'achèvement du logement (acquisition en l'état futur d'achèvement) ou de l'année d'achèvement des travaux (acquisition en vue de travaux de réhabilitation ou de rénovation).

Elle s'opère sur le montant de l'impôt progressif sur le revenu déterminé en prenant en compte, le cas échéant, le plafonnement des effets du quotient familial après application éventuelle de la décote et avant imputation des éventuels crédits d'impôt et prélèvements ou retenues non libératoires.

Elle ne peut, en revanche, faire l'objet d'une imputation sur les impôts à taux proportionnel, tels que l'impôt sur les plus-values immobilières ou sur les plus-values de cession de titres.

Elle ne bénéficie pas aux acquisitions en démembrement mais peut, en revanche, s'appliquer aux acquisitions en indivision.

Lorsque le montant de la réduction d'impôt est supérieur au montant de l'impôt dû par le contribuable au titre de cette même année, l'excédent peut être imputé sur l'impôt sur le revenu dû au titre des années suivantes jusqu'à la 6e inclusivement.

Les fractions ainsi reportées s'imputent en priorité sur les années les plus anciennes.

7. La non-déductibilité des amortissements

Les amortissements relatifs au prix de l'immeuble qui a servi au calcul de la réduction d'impôt ne sont pas admis en déduction du résultat imposable.

Sauf s'il relève du régime de la micro-entreprise, le loueur en meublé est tenu de comptabiliser l'amortissement des biens inscrits à son actif; celui-ci, déterminé selon la règle des « composants », n'est déductible que pour la fraction de son montant calculé sur la quote-part du prix de revient qui excède la somme prise en compte pour déterminer la réduction d'impôt.

Aucun amortissement ne peut, en revanche, être pratiqué sur la valeur du terrain, car non sujet à la dépréciation, celui-ci constitue, par nature un actif non amortissable.

> Exemple :
>
> M. LACROIX procède à l'acquisition, au 1er janvier 2010, de deux appartements neufs inclus dans une résidence de tourisme classée pour un prix global de 360 000 € HT dont :

- meubles et équipements mobiliers 16 000 € HT
- terrain 32 000 € HT

Les biens étant inscrits à l'actif du bilan, la base amortissable est répartie comme suit :

- Construction 312 000 €
- Mobilier 16 000 €

L'amortissement est comptabilisé pour un montant de 10 960 € au titre de l'année 2010, soit :

- Amortissement des appartements 9 360 €
- Amortissement des meubles 1 600 €

M. LACROIX doit opérer, par voie extra-comptable, la réintégration de la quote-part des amortissements non déductibles, soit 9 000 €.

Il pourra ainsi déduire, pour la détermination de son revenu imposable, un montant d'amortissement de 1 960 € qui correspond, pour partie à l'amortissement des meubles (1 600 €), et pour partie (360 €) à l'excédent d'amortissement calculé sur la fraction du prix de revient supérieur à 300 000 € (12 000 €).

Le coin du fiscaliste

Le dispositif de réduction d'impôt prévu à l'article 199 sexvicies du Code Général des Impôts interdit le recours à une société de personnes telle qu'une EURL ou une SARL de famille.

Cette interdiction est incompréhensible, dès lors que l'exercice de l'activité locative via une telle société n'a strictement aucune incidence fiscale, puisque celle-ci relève du régime de sociétés de personnes.

Ainsi, la Loi fiscale institue une contrainte qui affecte les choix patrimoniaux de l'investisseur et l'oblige, dans certains cas, à subir les inconvénients d'une situation d'indivision.

La réponse ministérielle WOERTH, confirmant le principe de cette interdiction, ne peut que susciter l'étonnement en ce qu'elle motive celle-ci par l'impossibilité du recours éventuel à une Société Civile Immobilière de Gestion dont on sait qu'elle s'avère en toute hypothèse inadaptée à l'exercice d'une activité de location meublée, d'autant que la question posée au ministre visait expressément l'hypothèse de la constitution d'une SARL de famille.

Chapitre 10

Une solution d'optimisation originale : l'investissement mixte

Points clés

✓ l'acquisition, en sus, d'un investissement Censi-Bouvard, d'un second bien destiné à être loué en meublé de façon classique, permet d'optimiser l'opération grâce au cumul de la réduction d'impôt et des amortissements ;

✓ les amortissements du second bien viennent en déduction de la totalité des loyers comptabilisés.

Les personnes qui réalisent un investissement locatif au bénéfice de la réduction d'impôt Censi-Bouvard ne peuvent déduire les amortissements correspondant au montant de l'acquisition pris en compte pour le calcul de l'avantage fiscal.

C'est ainsi que si le montant de l'acquisition est de 320 000 €, la somme de 300 000 € prise en compte pour calculer la réduction d'impôt ne peut être simultanément retenue pour le calcul des amortissements déductibles.

De ce fait, le résultat devient bénéficiaire assez rapidement, souvent à partir de la 8e ou de la 9e année de location.

L'acquéreur voit alors ses revenus locatifs fiscalisés, ce qui a pour effet d'atténuer l'impact de l'avantage fiscal, si l'on met en perspective le montant de la réduction d'impôt et la charge fiscale résultant de l'imposition des revenus de location meublée.

Le caractère définitif de la perte de la faculté de déduire les amortissements peut même se traduire, à terme, par une neutralisation quasi totale de l'avantage fiscal.

C'est la raison pour laquelle une solution d'optimisation originale peut être envisagée ; celle-ci consiste à acquérir simultanément plusieurs logements, dont certains donneront lieu à l'option pour le dispositif Bouvard et d'autres seront traités de façon traditionnelle, sans réduction d'impôt, mais avec le bénéfice de la déduction fiscale des amortissements.

Dès lors que l'activité est exercée à titre non professionnel et qu'il s'agit, pour le loueur, d'une même activité, celui-ci a la faculté de déduire du montant de la totalité de ses recettes les amortissements comptabilisés sur le ou les logements qui n'ont pas ouvert droit à la réduction d'impôt.

Bien que la règle de limitation des amortissements visée à l'article 39 C du Code Général des Impôts trouve matière à application, puisqu'il s'agit de biens donnés en location par une personne physique, la circonstance que les revenus locatifs relatifs au logement « Censi-Bouvard » deviennent rapidement bénéficiaires autorise la déduction effective des amortissements, ce qui a pour effet de neutraliser, au moins partiellement, la fiscalisation des revenus locatifs, y compris ceux relatifs aux biens qui ont ouvert droit à la réduction d'impôt.

Exemples :

1

M. et Mme DEMAY ont acquis deux logements au sein d'un établissement d'hébergement pour personnes âgées dépendantes pour un prix TTC de 330096 €, ainsi que les meubles destinés à garnir ceux-ci, pour un montant de 4784 € ; ils se sont pacsés et ont deux enfants leur donnant trois parts de quotient familial.
Ils perçoivent, chaque année, 95000 € de salaires, répartis comme suit :
M. DEMAY : 70000 € ;
MME DEMAY : 25000 €.
Leur tranche marginale d'imposition est de 30 % et le montant de leur impôt sur le revenu annuel de 9845 €.
Pour financer l'acquisition de leurs logements, ils souscrivent un emprunt principal de 297500 € et un prêt relais pour la TVA de 55174 €, avec une franchise de remboursement de 21 mois ; le taux de leur emprunt est de 4,50 % auquel s'ajoute celui de l'assurance-décès-invalidité, de 0,24 %.
Cet emprunt est souscrit sur une durée de 20 ans.

La rentabilité locative de leur investissement est de 5 % par référence au prix d'acquisition HT des logements et du mobilier.
Les frais de notaire et d'hypothèque s'élèvent à 16 000 € ; les frais bancaires sont de 1 794 €.
La TVA relative à leur investissement s'élève à 55 174 €, le remboursement intervenant en 2011 ; l'indice de revalorisation des loyers est, par convention, fixé à 2 %.
M. et Mme DEMAY entendent bénéficier de la réduction d'impôt pour les deux logements dont ils font l'acquisition.
Le montant de leur acquisition servant de base à la réduction d'impôt s'élevant à 292 000 €, et les acquisitions étant réalisées en 2011, ils bénéficient d'une réduction d'impôt de 52 560 € répartie sur 9 ans à raison de 5 840 € par an.
Toutefois, l'absence de déduction des amortissements comptabilisés se traduit par la fiscalisation des revenus locatifs à compter de l'année 2023, le résultat étant bénéficiaire de 2 564 €.
Ils devraient acquitter, à ce titre un impôt sur le revenu de 769 €, puis de 2 423 € en 2024 pour atteindre 5 445 € en 2031.
L'incidence de cette imposition réduit le montant de l'avantage fiscal, de sorte que la réduction d'impôt nette dont ils bénéficient, après prise en compte de l'impôt sur le revenu locatif, n'est plus que de 21 044 €.
À l'issue de l'opération, appréciée sur une période de 20 ans, ils auront bénéficié, en prenant en compte, d'une part la réduction d'impôt, et d'autre part la charge fiscale résultant de l'impôt sur les revenus locatifs, d'un avantage net de 21 044 €, soit un rendement de loyers sur épargne à terme de 12,38 %.

2

M. et Mme DEJUIN, dont les paramètres fiscaux personnels et familiaux sont strictement identiques à ceux ce M. et Mme DEMAY, procèdent à l'acquisition de deux lots, l'un éligible au dispositif Censi-Bouvard et l'autre au sein d'une résidence ancienne (revente), pour un prix TTC de 310 873 €, ainsi que les meubles destinés à garnir ceux-ci, pour un montant de 2 392 €, le montant de la TVA s'élevant à 27 440 €.
Les frais de notaire et d'hypothèque s'élèvent à 20 150 € ; les frais bancaires sont de 1 794 €.
Ils bénéficient de la déduction de la totalité des amortissements

comptabilisés au titre du lot ancien, soit une dotation annuelle aux amortissements de 6 562 € pour les années 2011 à 2031.
Le montant de la réduction d'impôt dont ils bénéficient est moins important, puisque celui-ci s'élève au total à 26 280 €.
Toutefois, la diminution de l'avantage fiscal qui résulte de la limitation à un nombre de logements pour lequel la réduction d'impôt est demandée, est largement compensée par l'absence d'imposition des loyers grâce à la déduction des amortissements de l'un des deux logements, celle-ci profitant à la totalité de l'activité locative. En l'occurrence, M. et me DEJUIN ne seront fiscalisés sur leurs revenus locatifs qu'à partir de 2030, alors que M. et Mme DEMAY supporteront l'impôt dès l'année 2023.
M. et Mme DEJUIN bénéficient, à l'issue de l'opération, appréciée au terme de 20 ans, d'un avantage fiscal net de 19 299 €, mais le rendement des loyers sur l'épargne nette à terme est beaucoup plus élevé puisqu'il atteint 16,03 %.

Il apparaît, ainsi, que la réalisation de deux investissements simultanés, dont l'un seulement est accompagné d'un engagement de location de 9 ans et ouvre droit à l'avantage fiscal, s'avère plus avantageux, sur la durée, que l'application de la réduction d'impôt à la totalité des logements acquis.

Cette stratégie mérite donc d'être examinée avec attention, notamment dans l'hypothèse où le bien a vocation à être conservé pendant plus de 9 ans.

Le coin du fiscaliste

Le bénéfice de la réduction d'impôt a pour corollaire l'impossibilité de déduire les amortissements relatifs à la quote-part du prix de revient retenue pour calculer l'avantage fiscal.

Cette situation a pour conséquence, dans un grand nombre de cas, d'entraîner la fiscalisation des revenus locatifs dès la 8e ou la 9e année d'exercice de l'activité.

Or, comme tous les revenus imposables dans la catégorie des bénéfices industriels, commerciaux, artisanaux ou agricoles, le montant du bénéfice imposable se voit majoré d'un coefficient de 25 % lorsque le contribuable n'adhère pas à un Centre de gestion agréé.

Il est donc important de prévoir l'adhésion à un tel centre dès la première année où l'activité devient bénéficiaire, afin d'éviter cette pénalisation fiscale.

La solution d'un double investissement, l'un au bénéfice de la réduction d'impôt, et l'autre visant à permettre la déduction des amortissements, afin de neutraliser, pendant une très longue période, la fiscalité des revenus locatifs, permet de prévenir, pendant une assez longue période, le risque de surfiscalisation ainsi identifié.

Chapitre 11

Contribution Économique Territoriale et autres impôts locaux

Points clés

✓ les loueurs en meublé sont, par principe, assujettis à la cotisation foncière des entreprises (CFE) ;
✓ des perspectives d'exonération existent lorsque les biens sont donnés à bail à l'exploitant d'une résidence avec services ;
✓ la taxe d'habitation peut, dans certains cas, être réclamée aux propriétaires des locaux loués meublés.

Les loueurs en meublé, qu'ils exercent à titre professionnel ou non, sont assujettis à divers impôts locaux, certains frappant l'activité locative (Contribution Économique Territoriale), d'autres la détention voire l'utilisation des locaux (taxe foncière sur les propriétés bâties / taxe d'habitation).

Section 1 - La contribution économique territoriale (CET)

1. Le principe de l'assujettissement

À compter du 1er janvier 2010, la taxe professionnelle a disparu, pour être remplacée par la Contribution Économique Territoriale (CET) composée de deux éléments (article 1447-0 du Code Général des Impôts).

- La cotisation foncière des entreprises (CFE)
- La cotisation sur la valeur ajoutée des entreprises (CVAE)

Les loueurs en meublé exercent une activité de nature industrielle et commerciale et sont, à ce titre, par principe, assujettis à la Contribution Économique Territoriale.

Cet assujettissement peut paraître logique puisque l'activité relève de la catégorie des bénéfices industriels et commerciaux ; il implique néanmoins que l'activité soit exercée à titre professionnel, puisque la cotisation foncière des entreprises, qui constitue l'une des deux composantes de la Contribution Économique Territoriale (CET) *« est due chaque année par les personnes physiques ou morales ou par les sociétés non dotées de la personnalité morale qui exercent à titre habituel une activité professionnelle non salariée »*.

La Contribution Economique Territoriale (CET)

Le coin du fiscaliste

Les personnes qui s'inscrivent dans le cadre de l'immobilier géré, c'est-à-dire qui procèdent à l'acquisition de locaux au sein de résidences avec services, et les donnent à bail à un exploitant, peuvent avoir intérêt à faire valoir le motif d'exonération admis par le Conseil d'État en matière de Taxe Professionnelle.

Le Conseil d'État a en effet jugé que le seul fait, pour une personne physique ou morale, de sous-louer un immeuble à une société commerciale, passible de la taxe professionnelle, ne suffisait pas à caractériser l'exercice d'une activité non salariée justifiant de l'assujettissement à la taxe professionnelle, dès lors que cette activité locative n'entraîne pas la mise en œuvre de moyens matériels et intellectuels caractérisant l'exercice d'une profession (CE 24/03/2006).

Cette Jurisprudence a été validée par la doctrine qui a considéré que le propriétaire des locaux n'était pas assujetti à la taxe professionnelle puisque ne remplissant pas la condition d'activité professionnelle prévue à l'article 1447 du Code Général des Impôts, cette dernière impliquant la réalisation d'une véritable activité.

La difficulté provient de ce que ces mêmes dispositions ajoutent :

« … *Les activités de location ou de sous-location d'immeubles nus à usage d'habitation sont réputées exercées à titre professionnel.* »

Pour autant, les locaux sont bien mis à la disposition de l'exploitant de la résidence, pour les besoins de sa propre activité professionnelle, ce qui conforte la pertinence de la thèse de l'exonération.

Les loueurs en meublé qui louent directement, voire par mandat, les logements ne peuvent, en revanche, faire valoir cet argument, puisqu'ils sont regardés comme procédant à l'exercice habituel d'une activité professionnelle.

La jurisprudence sur cette question est attendue avec impatience par les praticiens.

2. Les cas d'exonération prévus par la loi

Les loueurs en meublé peuvent, dans certains cas, bénéficier d'une exonération de taxation (article 1459 du Code Général des Impôts).

Sont concernées par celle-ci :

- les personnes qui louent ponctuellement une partie de leur habitation personnelle, sous réserve que cette location ne présente aucun caractère périodique ;
- les personnes qui louent ou sous-louent en meublé une ou plusieurs pièces de leur habitation principale, sous réserve que les pièces louées constituent la résidence principale de la personne qui les occupe, et que le prix de la location demeure fixé dans des limites raisonnables (*cf.* chapitre 3 - Les loueurs en meublé non professionnels),
- les personnes qui louent tout ou partie de leur habitation personnelle à titre de gîte rural, étant précisé que le logement doit être classé Gîte de France et ne pas être occupé à titre d'habitation principale ou secondaire du locataire,
- les personnes qui louent des locaux au sein de leur habitation personnelle et relèvent de la réglementation des meublés de tourisme, selon les conditions des articles L 324-1 du Code du Tourisme,

- les personnes autres que celles ci-avant définies qui louent ou sous-louent meublée une partie de leur habitation personnelle.

Point important :

Il est précisé que ces différentes exonérations sont, sauf les deux premières, subordonnées à l'absence de délibération contraire des collectivités locales territoriales et de leur groupement doté d'une fiscalité propre.

3. Le plafonnement par la valeur ajoutée

Pour limiter le poids de la Contribution Économique Territoriale, la Loi a prévu un plafonnement en fonction de la valeur ajoutée.

Le montant de la CET ne peut en effet excéder 3 % de la valeur ajoutée, celle-ci étant égale à la différence entre :

- Le montant des recettes locatives ;
- Certaines charges d'exploitation correspondant, pour l'essentiel, aux consommations de biens et de services en provenance de tiers.

C'est ainsi qu'un loueur en meublé retirant de l'activité des recettes annuelles de 30 000 € HT, sans avoir de dépenses à imputer, bénéficiera du plafonnement suivant : Recettes HT : 30 000 x 3 % = 900 €.

Toute cotisation de Contribution Économique Territoriale qui excéderait ce montant ferait l'objet d'un dégrèvement sur simple demande du contribuable, ce dégrèvement étant accordé à la demande de l'intéressé formulée sur un imprimé spécial n° 1327 CET adressé au Service des Impôts correspondant au principal Établissement de l'entreprise.

Lorsque la location est soumise au régime de la micro-entreprise, la demande de dégrèvement est formulée sur un imprimé n° 1327-S CET ; dans ce dernier cas, la valeur ajoutée est égale à 80 % du montant des recettes atténué, le cas échéant, des achats.

4. L'assujettissement des loueurs en meublé à la cotisation minimum

Les redevables de la CFE sont assujettis à une cotisation minimum annuelle au lieu de leur principal Établissement.

Celle-ci est déterminée selon une base dont le montant est décidé par le Conseil Municipal – ou par l'Établissement Public de Coopération Intercommunal –, celui-ci étant compris entre 203 et 2 030 € au titre du barème 2011 ; en l'absence de délibération de l'autorité administrative compétente, le montant de la base minimum correspond à celui fixé pour la taxe professionnelle de l'année 2009, dans la même commune.

De nombreux loueurs en meublé qui s'inscrivent dans un schéma d'immobilier géré (location par bail commercial) et font, à ce titre, une demande d'exonération au motif qu'ils n'assurent pas eux-mêmes l'exploitation locative, se voient néanmoins réclamer une cotisation foncière calculée selon le principe de la cotisation minimum.

Lorsqu'ils contestent celle-ci, l'Administration maintient, néanmoins, le principe de l'imposition en faisant valoir que tous les redevables de la cotisation foncière des Entreprises sont assujettis à une cotisation minimum établie au lieu de leur principal Établissement.

Il apparaît néanmoins possible de discuter cette position en soutenant que lorsque la prestation d'hébergement n'est pas fournie directement par le locataire, notamment lorsque les locaux sont donnés à bail à un exploitant de résidence avec services, le bailleur n'exerce pas d'activité professionnelle au sens de l'article 1447 du Code Général des Impôts et ne peut, par suite, avoir la qualité de redevable de la Cotisation Foncière des Entreprises.

S'agissant d'une contribution nouvelle, pour laquelle aucune jurisprudence n'est encore fixée, il reste à espérer que cette position sera également retenue par le Juge de l'Impôt.

Section 2 - La Taxe Foncière sur les propriétés bâties

1. Le principe de la taxation

La taxe foncière sur les propriétés bâties est due par les loueurs en meublé, qu'ils soient propriétaires ou simplement usufruitiers des immeubles loués.

Son assiette correspond à la valeur locative cadastrale minorée d'un abattement forfaitaire pour frais de 50 %.

Son taux est fixé par les collectivités locales.

2. Les constructions nouvelles peuvent bénéficier d'une exonération temporaire

Les constructions nouvelles sont toutefois exonérées pendant deux ans, étant toutefois précisé que la commune (ou le groupement de communes à fiscalité propre) peut supprimer la quote-part de l'exonération qui lui correspond soit en totalité, soit partiellement.

Cette exonération est subordonnée à la souscription d'une déclaration qui doit intervenir dans les 90 jours de l'achèvement de la construction.

Il existe toutefois une incertitude selon la nature de l'imprimé à souscrire lorsque les locaux d'habitation sont inclus dans une résidence avec services telle qu'une résidence pour personnes âgées dépendantes, pour étudiants, ou une résidence de tourisme classée ; la question vise plus particulièrement la situation de personnes qui louent des lots de copropriété inclus dans de telles résidences à un exploitant, société de gestion qui offre elle-même à ses sous-locataires des services para-hôteliers, tels que l'accueil, la fourniture de linge de maison, le service du petit-déjeuner, le nettoyage quotidien des locaux.

Traditionnellement, les intéressés souscrivent la déclaration modèle

H2, s'agissant de locaux d'habitation situés dans des immeubles collectifs.

Toutefois, la doctrine administrative semble assimiler de tels locaux à des locaux commerciaux, puisqu'elle précise que la déclaration propre à de tels locaux (modèle CDB) doit être souscrite pour les locaux commerciaux et biens divers auxquels sont rattachés les hôtels, pensions de famille et autres locaux exploités commercialement, bien que destinés au logement (D. ADM. 6C-2134 § 17).

La nature de l'imprimé à utiliser n'est pas neutre, car l'exonération temporaire de taxe foncière sur les propriétés bâties n'est pas calculée de façon identique pour les immeubles d'habitation et les autres immeubles.

3. Une possibilité d'exonération pour certaines formules d'hébergement temporaire

Les meublés de tourisme, gîtes ruraux et chambres d'hôtes situés dans les zones de revitalisation rurales peuvent bénéficier d'une exonération de taxe foncière pour la part revenant aux collectivités territoriales (et leurs groupements dotés d'une fiscalité propre), sous réserve d'une décision de ces instances.

Section 3. La taxe d'habitation

1. Une taxe due par l'occupant du logement meublé

La taxe d'habitation est due, chaque année, par les personnes qui disposent d'une habitation meublée au 1er janvier de l'année d'imposition.

Les loueurs en meublé, par ailleurs assujettis à la Contribution Économique Territoriale, n'ont en principe pas à acquitter la taxe d'habitation ; ils n'occupent en effet pas, à titre professionnel, les locaux donnés en location.

D'une façon générale, il y a incompatibilité entre la Contribution Économique Territoriale, qui correspond à l'exploitation lucrative d'un patrimoine immobilier meublé, et la taxe d'habitation, liée à la jouissance d'une habitation à titre de résidence principale ou secondaire.

Ce principe souffre néanmoins d'une exception lorsque les locaux loués meublés constituent l'habitation personnelle du loueur ; ils sont en effet alors assujettis à la taxe d'habitation puisqu'ils sont regardés comme mis à la disposition de locaux d'habitation meublée.

La taxe d'habitation est, en principe, due par le locataire qui occupe le logement au 1er janvier de l'année d'imposition, sauf lorsque cette occupation présente un caractère temporaire ou limité.

2. Les cas où la taxe d'habitation peut être acquittée par le loueur en meublé

L'Administration peut réclamer le paiement de la taxe d'habitation au propriétaire et non au locataire lorsque celui-ci est une personne morale qui n'a pas souscrit, dans les délais, la déclaration informant l'Administration du changement de locataire et de l'identité de l'occupant au 1er janvier de l'année d'imposition (déclaration de mutation de jouissance) ; il est possible, néanmoins, au propriétaire ainsi imposé de demander le remboursement de la cotisation correspondante au nouvel occupant.

Peuvent également être soumis à la taxe d'habitation les bailleurs, qu'ils soient propriétaires ou non, qui imposent à leurs locataires des restrictions au libre usage des locaux.

Cette hypothèse vise, pour l'essentiel, la situation des résidences avec services para-hôteliers telles que les résidences pour étudiants ou les résidences pour personnes âgées dépendantes, lorsque le bail ou le règlement intérieur comportent des clauses portant atteinte à la libre jouissance des locaux loués.

L'Administration considère que lorsque les conditions de location comportent des contraintes entravant la libre occupation des logements, les locataires ne peuvent être regardés comme ayant la jouissance ou la disposition des locaux.

Une réponse ministérielle du 18 juin 1987, concernant les maisons de retraite, dont les principes sont transposables à la généralité des résidences avec services, précise :

> *« Si le règlement intérieur de l'établissement comporte des restrictions au libre usage des locaux, il a été admis que les pensionnaires logés dans des maisons de retraite gérées dans un esprit désintéressé, ne soient pas personnellement imposables à la taxe d'habitation.*
> *L'imposition des chambres est alors établie sous une cote unique, au nom du gestionnaire de l'établissement.*
> *Cette solution est désormais applicable aux foyers de jeunes travailleurs, étant observé que leurs conditions de fonctionnement sont telles, qu'en pratique, les pensionnaires sont toujours regardés comme ayant la libre disposition des logements qu'ils occupent. »*

Un risque d'assujettissement du bailleur à la taxe d'habitation peut être identifié, notamment lorsque les conditions de location comportent des contraintes telles que :

- clause interdisant l'accès à des personnes étrangères à la résidence ;
- clause limitant le nombre d'occupants par logement ;
- clauses interdisant la présence d'animaux au sein de la résidence ;
- clauses comportant l'application de sanctions, telles qu'avertissements, pénalités, voire exclusion.

Le Conseil d'État a néanmoins précisé que lorsque les restrictions apportées à la jouissance des locaux avaient pour objet de préserver l'ordre, la tranquillité et la sécurité des locataires, il n'y avait pas lieu de regarder ces derniers comme étant privés de la libre disposition des biens (C.E. 24 mars 1982).

Chapitre 12

L'assujettissement à la TVA du loueur en meublé

Points clés

✓ la TVA relative à l'acquisition des locaux est déductible, sous certaines conditions, lorsque des prestations hôtelières accompagnent la fourniture de logement, ou en présence d'une résidence de tourisme classée ;
✓ pour bénéficier du remboursement de la TVA, l'acquéreur doit exercer un certain nombre d'options ;
✓ les personnes relevant du régime de la franchise en base sont exclues du remboursement de la TVA.

Section 1 - Le principe de l'exonération et ses exceptions

La location de locaux d'habitation meublée est, en principe, exonérée de TVA, ce qui a pour effet de priver les investisseurs de la faculté d'obtenir le remboursement de la taxe ayant grevé l'acquisition des locaux ou la réalisation de travaux.

Toutefois, la Loi prévoit un certain nombre d'exceptions au principe de l'exonération.

Celles-ci visent :

- les prestations d'hébergement fournies dans les hôtels de tourisme classés ;
- la fourniture de logements dans les villages de vacances classés ou agréés ;
- l'accueil au sein de résidences de tourisme classées ou de villages résidentiels de tourisme ;
- la fourniture de logements assortis d'un certain nombre de prestations para-hôtelières ;

- la location de locaux nus ou meublés consentis par bail à l'exploitation d'un établissement d'hébergement dont l'activité remplit elle-même les conditions d'assujettissement susvisées.

Il est précisé, par ailleurs, que la fourniture directe ou indirecte (par mandat) de prestations hôtelières permettant l'assujettissement à la TVA est exclusive de la qualification de location meublée, puisque l'activité ne relève alors plus d'un rapport locatif (louage de choses), mais correspond à une prestation d'hébergement para-hôtelière (louage de services).

Il est néanmoins possible de cumuler la qualification de loueur en meublé – professionnels ou non – et d'être simultanément assujetti à la TVA lorsque les logements sont donnés à bail à un exploitant qui remplit, lui-même les conditions d'assujettissement prévues par la Loi.

Section 2 - Les obligations déclaratives

Les obligations à respecter sont les suivantes :

- souscription d'une déclaration d'existence dans les quinze jours du commencement de ses opérations, auprès du Centre des Formalités des Entreprises (CFE) ou des services fiscaux ;
- renonciation au régime de la franchise en base (article 293 F du Code Général des Impôts) et option corrélative pour l'assujettissement au régime du réel simplifié ou du réel normal : cette renonciation s'effectue sur la déclaration d'existence ; il est recommandé de la confirmer par courrier recommandé avec avis de réception ;
- délivrance d'une facture correspondant à chaque échéance de loyer, avec mention de la T.V.A., identifiant le détail des prestations fournies ;
- établissement de déclarations de chiffre d'affaires selon le régime applicable (régime simplifié / régime réel normal) ;
- règlement de la T.V.A. y afférent ;
- établissement de la demande de remboursement de crédit de T.V.A.

Il est conseillé, pour l'établissement de ces déclarations et la souscription de ces options, de recourir à l'assistance d'un professionnel (expert comptable).

À retenir

Les loueurs en meublé qui relèvent du régime de la franchise en base ne peuvent pas obtenir le remboursement de la TVA ayant grevé leur acquisition.

Section 3 - L'assujettissement des résidences de tourisme classées

Les résidences de tourisme sont des établissements commerciaux d'hébergement qui font l'objet, comme les hôtels de tourisme, d'un classement selon les normes fixées par l'arrêté du 4 juin 2010.

La personne qui loue un ou plusieurs logements dans une résidence de tourisme classée est assujettie à la TVA, lorsque le contrat de location est consenti pour une durée minimale de 9 ans à un exploitant qui souscrit un engagement de promotion touristique à l'étranger.

Celui-ci correspond à l'obligation :

- soit d'affecter pendant les 24 premiers mois d'exploitation une somme au moins égale à 1,5 % des recettes d'exploitation de la résidence à la recherche de la clientèle étrangère ;
- soit de conclure, pendant la même période, avec des organismes de voyage ou de séjours, des contrats de mise à disposition, tels que 20 % au moins des unités d'hébergement de la résidence soient réservées à l'accueil des touristes étrangers.

Cet engagement, souscrit sur papier libre, est remis au service des impôts dont relève l'exploitant (une copie est, en principe, adressée par celui-ci à chaque copropriétaire afin d'être jointe aux demandes de remboursement de TVA).

À l'issue de la période d'engagement susvisée, l'exploitant doit justifier auprès de l'Administration fiscale qu'il a respecté son engagement.

Pour ce faire, il doit produire dans le délai de trois mois qui suit l'expiration de la période d'engagement, auprès des services fiscaux, un état récapitulatif des dépenses engagées ou des contrats conclus.

Dans l'hypothèse où l'exploitant ne respecterait pas cette condition, le principe de l'assujettissement à la TVA ne serait pas nécessairement remis en cause ; il suffirait en effet de démontrer que le gestionnaire de la résidence a fourni à sa clientèle trois des quatre prestations hôtelières prévues par la loi, pour que l'activité locative demeure assujettie à la TVA (article 261-D-4° b) du Code Général des Impôts).

Le coin du fiscaliste

La sécurité fiscale du propriétaire d'appartements au sein d'une résidence de tourisme justifie qu'il soit prévu dans le bail, au titre des obligations du preneur, non seulement la souscription de l'engagement de promotion touristique à l'étranger et le respect des conditions prévues, à cet effet, par la Loi, mais également la fourniture d'au moins trois des quatre services para-hôteliers visés à l'article 261 D 4° b du Code Général des Impôts, dans les conditions ci-après examinées.

Section 4 - La fourniture de prestations para-hôtelières

Les loueurs en meublé sont assujettis à la TVA s'ils offrent, en plus de la prestation d'hébergement, trois des quatre services para-hôteliers suivants :

- la réception, même non personnalisée, de la clientèle ;
- la fourniture de linge de maison ;
- le service du petit-déjeuner ;
- le nettoyage régulier des locaux.

La doctrine administrative admet que ces prestations puissent être simplement « proposées » sous réserve que l'exploitant soit en mesure de justifier qu'il dispose des moyens nécessaires pour en assurer la fourniture effective, même dans l'hypothèse où la totalité des locataires en ferait la demande (Instruction administrative 30 avril 2003).

La difficulté provient de ce que la Loi précise que ces prestations doivent être fournies :

> «*dans les conditions similaires à celles proposées par les Établissements d'hébergement à caractère hôtelier exploités de manière professionnelle*».

Par un Arrêt du Conseil d'État du 05 février 2009 (CE n° 307077, 8e et 3e SS, société DISTEX), le principe de l'assujettissement à la TVA d'une résidence dédiée à l'accueil d'étudiants a été remis en cause en raison du caractère optionnel des prestations et de la fourniture du petit déjeuner par distributeur automatique :

> «*Considérant... que si les résidents pouvaient y prendre leur petit-déjeuner, la société mettait seulement à leur disposition un appareil automatique distribuant des boissons et des croissants, que les contrats ne prévoyaient pas de fourniture de linge de maison, les résidents pouvant s'en procurer moyennant un supplément et que le nettoyage des chambres était mensuel, le nettoyage supplémentaire étant facturé en sus.*»

Le Conseil d'État a conclu :

> «*...que la société ne mettait pas à la disposition de sa clientèle des prestations dans des conditions similaires à celles proposées par des Établissements d'hébergement à caractère hôtelier exploités de manière professionnelle...*»

Le coin du fiscaliste

La Jurisprudence du Conseil d'État apparaît particulièrement sévère en ce qu'elle semble prendre comme référence les conditions de fourniture des services dans les hôtels, alors que la loi se réfère à la généralité des établissements d'hébergement à caractère hôtelier qui inclut, à côté des hôtels, tout le secteur de la para-hôtellerie composé, notamment, des résidences hôtelières ou de tourisme où les prestations sont offertes de façon optionnelle.

Les loueurs en meublé sont néanmoins protégés par les précisions apportées par l'Instruction administrative du 30 avril 2003 (3 A-2-03) selon laquelle :

«*L'activité para-hôtelière est caractérisée par l'offre, en sus de l'hébergement, d'au moins trois des services suivants parmi les quatre qui sont cités au b) du 4° de l'article 161 D du CGI*».

Il convient, néanmoins, d'être particulièrement prudent dans les conditions de mise en place des services para-hôteliers, afin de prévenir les risques de remise en cause encourus depuis l'arrêt Distex, celui-ci ayant été pris en compte par l'Administration à travers une Information Jurisprudence du 09 mars 2009 (3 A-2-09).

Il importe enfin de noter qu'à côté des résidences de tourisme classées, d'autres formes d'hébergement sont également assujetties à la TVA telles que les hôtels de tourisme classés, les villages de vacances classés ou agréés ou les villages résidentiels de tourisme, sous réserve du respect d'un certain nombre de conditions.

Section 5 - Les taux de TVA applicables

La location de locaux d'habitation meublée, lorsqu'elle est assujettie à la TVA, relève du taux réduit (5,5 %).

Lorsque les prestations para-hôtelières sont fournies en sus de l'hébergement, celles-ci peuvent relever du taux normal (19,6 %) ou du taux réduit (5,5 %).

Relèvent du taux normal, les prestations suivantes :

- fourniture de linge de maison ;
- service de nettoyage des locaux.

En revanche, la fourniture du petit-déjeuner relève du taux réduit.

1. La location d'une quote-part de locaux de services

Dans les résidences avec services para-hôteliers, les locaux de services sont, le plus souvent, traités en parties communes au sein du règlement de copropriété.

Dans ce cas, les acquéreurs d'appartement font, en même temps que l'acquisition d'un ou plusieurs logements, l'acquisition indivise d'une quote-part des locaux dédiés à la fourniture de prestations para-hôtelières telles que la cafétéria, la buanderie, la salle de remise en forme, le bureau du gestionnaire…

Les locaux de services sont alors attachés aux lots de copropriété et, de ce fait, inclus dans le corps du bail conclu avec l'exploitant.

Dans une telle situation, l'Administration a précisé, à plusieurs reprises, qu'il convenait de distinguer la quote-part du loyer correspondant au logement, éligible au taux réduit de TVA (5,5 %), de celle relative aux locaux de services qui relève du taux normal (19,6 %).

Une réponse ministérielle ACCOYER du 4 octobre 2005 (n° 74874), visant plus particulièrement la situation d'établissements dédiés à l'accueil des personnes âgées dépendantes (EHPAD), a apporté les précisions suivantes :

> « *Les locaux qui sont affectés à des services exonérés, ou à des prestations soumises au taux normal de la TVA, sont soit soumis à la TVA sur option dans les conditions prévues par l'article 260-2 du code précité lorsqu'ils sont loués nus, soit soumis de plein droit lorsqu'ils sont aménagés.*
> *Le taux applicable est alors le taux normal, quand bien même l'exploitant de l'établissement bénéficierait du taux réduit ou serait exonéré de TVA au titre des services rendus dans ces locaux.*
> *En conséquence, il appartient au bailleur de ventiler le loyer perçu entre les locaux destinés à l'hébergement soumis au taux réduit, et les autres locaux soumis au taux normal.* »

2. La location simultanée d'emplacements de stationnement

La location d'emplacements de stationnement (parking, garages) est soumise à la TVA en application de l'article 261 d) 2° du Code Général des Impôts.

Le taux applicable est le taux normal, actuellement fixé à 19,6 % (réponse ministérielle BERGER, AN 15/09/1979, P 7308, n° 18228).

Il a été demandé, par une question ministérielle, s'il pouvait être envisagé de faire bénéficier du taux réduit la location d'un emplacement de stationnement lorsque celle-ci était consentie simultanément à celle d'un logement soumis à la TVA, dans le même immeuble, et dans le cadre du même contrat de location.

La réponse du ministre a été négative :

> *« L'article 279-a du Code Général des Impôts ne prévoit l'application du taux réduit de la TVA qu'aux locations de locaux meublés. Ces dispositions sont d'interprétation stricte...*
> *L'application du taux réduit de TVA aux locations d'emplacement pour le stationnement des véhicules, liés à une location meublée imposable, n'est donc pas envisageable ; elle ne manquerait d'ailleurs pas de susciter une demande similaire pour les autres prestations imposables annexes à la location. »*

Il convient donc de distinguer, au sein du bail, la quote-part du loyer relative à la location du logement meublé, de celle qui concerne la location d'emplacements de stationnement, afin de soumettre chacune d'entre elles au taux de TVA qui lui est propre, puisque seule la location du logement bénéficie du taux réduit.

Section 6 - La nécessité d'établir des factures avec mention de la TVA

Selon l'article 289.1 du Code Général des Impôts, tout assujetti à la TVA doit s'assurer que les prestations de fournitures de logement assujetties à la TVA sont accompagnées de l'émission d'une facture identifiant la ou les prestations fournies ainsi que, pour chacune d'entre elles, le taux de TVA applicable.

En cas de gestion au sein d'une résidence avec services, cette tâche est souvent déléguée à l'exploitant, ce qui implique la conclusion d'un mandat de facturation.

Le mandat écrit et préalable, doit notamment prévoir que le fournisseur conserve l'entière responsabilité de ses obligations en matière de facturation.

Le recours au mandat tacite n'est admis par la doctrine que lorsque le faible nombre d'opérations commerciales réalisées entre le fournisseur et son mandataire et le faible nombre de factures ne justifient pas la conclusion d'un contrat écrit.

Cette faculté ne concerne cependant pas les personnes qui louent des locaux meublés au sein de résidences avec services compte tenu du caractère habituel et récurrent de l'activité locative exercée.

Section 7 - La régularisation de la TVA

1. Le principe de la régularisation

L'article 207.1 de l'annexe II du Code Général des Impôts prévoit que la taxe initialement déduite par un assujetti lui est, en principe, définitivement acquise.

Une régularisation de taxe doit cependant intervenir lorsque le bien cesse d'être utilisé pour des opérations imposables.

Cette régularisation intervient :

- dans un délai de cinq ans pour les meubles ;
- dans un délai de vingt ans pour les immeubles.

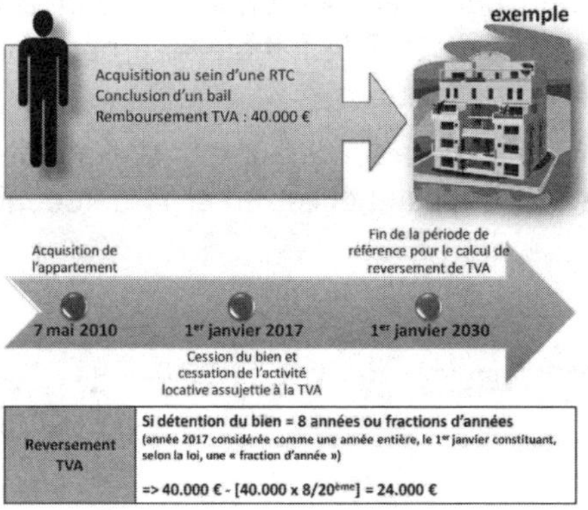

2. La dispense de régularisation de la TVA

Le redevable qui cède ses locaux est dispensé de reversement de TVA lorsque la revente intervient au profit d'un acquéreur qui poursuit l'exécution du bail commercial et est, lui-même, assujetti à la TVA, sous réserve que la cession porte sur une « universalité totale ou partielle de biens », selon la formulation de la loi.

Par suite, lorsqu'une personne revend les locaux dont la location est soumise à la TVA pendant le cours du bail et que l'acquéreur poursuit l'exécution du bail en étant lui-même assujetti à la TVA au titre de l'activité locative ainsi exercée, le vendeur est dispensé de reverser une partie de la TVA dont il a obtenu le remboursement.

En revanche, l'acquéreur encourt le risque de devoir effectuer lui-même ces régularisations s'il interrompt la location dans le délai de 20 ans qui suit l'acquisition d'origine effectuée par le vendeur.

Il se substitue donc à ce dernier puisqu'il est « réputé continuer la personne du cédant ».

Le bénéfice de cette mesure n'est toutefois acquis qu'en cas de gestion par bail commercial.

À retenir :

Dans l'hypothèse où les locaux cédés présentent également le caractère d'une immobilisation pour l'acquéreur, le vendeur a la faculté de lui transférer une fraction de la TVA initiale, à proportion de la durée de régularisation non encore courue.

Il doit, à cette fin, remettre à son acquéreur une attestation faisant état du montant de la TVA qui celui-ci est en droit de déduire.

Section 8 - Les risques de remise en cause

Ces risques concernent aussi bien l'hypothèse de l'assujettissement des résidences de tourisme classées, que celle de locations meublées assorties de prestations para-hôtelières.

1. Les résidences de tourisme classées

Outre le non-respect de l'obligation liée à l'engagement de promotion touristique à l'étranger, ou le risque de déclassement de la résidence, le principe de l'assujettissement à la TVA peut être remis en cause dans les hypothèses suivantes :

- accueil, à titre habituel, d'une clientèle non touristique ;
- utilisation des logements pour des séjours de longue durée ;
- utilisation privative de leur logement par les copropriétaires sans acquitter de loyer au gestionnaire ;
- défaillance du gestionnaire.

Ces causes peuvent être de nature fiscale, mais également juridique, puisqu'il importe de respecter, en tous points, les normes et conditions régissant le classement des résidences de tourisme.

Il convient à cet égard de préciser que :

- le contrat de location conclu avec l'exploitant doit être d'une durée minimale de 9 ans ;
- 70 % au moins des unités d'habitation doivent être loués à l'exploitant de la résidence de tourisme. Ce pourcentage s'apprécie non seulement lors du classement, mais aussi pendant toute la durée du contrat de location.
- les séjours effectués par les copropriétaires doivent porter sur leur propre logement et être assortis du versement à l'exploitant d'un loyer au moins égal à 75 % du prix public de commercialisation, étant précisé que les périodes d'utilisation privative ne doivent pas excéder 182 jours par an.

2. Prestations d'hébergement assorties de services hôteliers

Il est rappelé que les prestations d'hébergement sont assujetties à la TVA lorsqu'elles sont assorties d'au moins trois des quatre services para-hôteliers prévus par la Loi (article 261 D 4° b) du Code Général des Impôts) ; outre le non-respect de la condition ci-avant évoquée, relative à la référence aux usages hôteliers, de nombreux cas de remise en cause ont pu être identifiés au sein de résidences avec services.

La liste des griefs est longue :

- service d'accueil insuffisamment structuré ;
- défaut ou insuffisance de petit équipement hôtelier (vaisselle, théière, cafetière, panière, couverts,...) ;
- absence de coin cuisine dans la cafétéria permettant la confection de petits-déjeuners ;
- dimension insuffisante de la salle prévue pour le service du petit-déjeuner à l'ensemble des clients s'ils en faisaient simultanément la demande ;
- insuffisance de personnel, notamment au regard de la fourniture du service du petit-déjeuner, du service d'accueil et du service du nettoyage des locaux ;
- défaut d'affichage des tarifs au sein de la résidence ou de présentation des tarifs au vérificateur ;
- existence de distributeurs de boissons chaudes mises à la disposition des locataires.

Il convient d'être particulièrement attentif à l'organisation matérielle des services, afin de prévenir les risques de remise en cause encourus sur ce point.

3. Le piège de la franchise en base

Les loueurs en meublé qui exercent une activité taxable sont néanmoins exonérés de TVA lorsqu'ils réalisent un chiffre de recettes annuelles inférieur à 81 500 € ou 89 600 €, sous réserve, dans ce dernier cas, que le chiffre d'affaires de la pénultième année (n-2) n'excède pas 81 500 €.

Il s'agit de l'application du régime de la franchise en base prévu à l'article 293 B du Code Général des Impôts.

Ils ont néanmoins la faculté de renoncer à ce régime en exerçant une option auprès des Services Fiscaux, par laquelle ils informent l'Administration de leur décision d'être assujettis à la TVA, en optant corrélativement pour un régime réel d'imposition.

L'option est exercée selon des modalités identiques à celles relatives à la souscription de la déclaration d'existence.

Il est utile de confirmer celle-ci par l'envoi d'une lettre recommandée avec accusé de réception.

Chapitre 13

L'impôt de solidarité sur la fortune

Points clés

✓ les immeubles loués meublés sont susceptibles d'être regardés comme des biens professionnels exonérés d'ISF ;
✓ les conditions de « professionnalisme » prévues par la loi en matière d'ISF diffèrent de celles qui existent pour l'imputation du déficit fiscal ou la taxation des plus-values ;
✓ lorsque l'activité de location meublée est exercée par une SARL de famille, seules les parts détenues par le gérant peuvent être exonérées.

Les biens immobiliers détenus par le loueur en meublé constituent un élément de son patrimoine et sont, à ce titre, passibles de l'Impôt de Solidarité sur la Fortune, dès lors que le seuil légal des taxations est atteint.

À retenir :

Celui-ci, initialement fixé à 800 000 € pour la déclaration de l'ISF de l'année 2011 devrait être sensiblement augmenté dans le cadre de la réforme de la fiscalité du patrimoine qui devra intervenir dans le courant du mois de juillet 2011, pour être porté à 1 300 000 €.

Les règles applicables diffèrent toutefois selon que l'activité est exercée à titre individuel ou par l'intermédiaire d'une société, telle qu'une EURL ou une SARL de famille.

Section 1 - Le cas où l'activité est exercée à titre individuel

Certains biens peuvent être exonérés sous réserve qu'ils présentent le caractère de bien professionnel, ce qui implique le respect des trois conditions cumulatives suivantes (article 885 R du Code Général des Impôts) :

- immatriculation au Registre du Commerce et des Sociétés, en qualité de loueur professionnel ;
- réalisation d'un chiffre de recettes annuelles supérieur à 23 000 € ;
- revenus tirés de l'activité locative qui représentent plus de 50 % des revenus professionnels du foyer fiscal.

Pour l'appréciation de cette dernière condition, les revenus professionnels correspondent à l'ensemble des revenus d'activité tels que :

- traitements et salaires ;
- bénéfices Industriels et Commerciaux ;
- bénéfices Non Commerciaux ;
- revenus des gérants et associés mentionnés à l'article 62 du Code Général des Impôts.

Les revenus provenant de la simple gestion du patrimoine (revenus fonciers, ou revenus mobiliers,...) ne sont pas pris en compte.

La question des pensions de retraite n'est pas expressément visée par la doctrine administrative, ce qui laisse subsister une imprécision.

Dans une réponse individuelle, l'Administration a néanmoins indiqué :

> « *Pour l'appréciation de la condition tenant au caractère principal de l'activité, et lorsqu'il y a lieu de faire application du critère du revenu prépondérant, il est fait abstraction des revenus de capitaux mobiliers, plus-values des particuliers, ou qui se rattachent à une activité professionnelle antérieure (pensions de retraite).* »

Il peut être observé que cette appréciation est différente de celle retenue par l'article 151 septies VII du Code Général des Impôts quant au statut de loueur meublé professionnel puisque, pour comparer les recettes locatives au revenu d'activité, il convient de rajouter à ce dernier, les pensions et rentes viagères (*cf.* chapitre 4).

Ainsi, pour l'ISF, les logements donnés en location ne peuvent être regardés comme des biens professionnels pendant toute la période où les revenus fiscaux sont soit déficitaires, soit nuls, du fait, en particulier, de la déduction des amortissements comptabilisés.

Toutefois, pendant cette période, l'incidence de la valeur des immeubles sur le montant de l'ISF est, le plus souvent, limitée, du fait de la prise en compte, pour le calcul de l'impôt, du montant de l'emprunt qui subsiste puisque celui-ci neutralise, à concurrence du capital restant dû, la valeur patrimoniale des biens affectés à l'activité locative.

Cette neutralisation s'avère encore plus significative lorsque le financement des locaux a été assuré par la mise en place d'un crédit *in fine* puisque, dans ce cas, le montant du passif demeure inchangé jusqu'à la date du remboursement du capital emprunté, qui intervient en une fois, à l'expiration du prêt.

Par suite, sauf en cas d'augmentation significative de la valeur des immeubles détenus par le loueur en meublé, leur incidence fiscale sur l'ISF est faible voire, dans certains cas, insignifiante ou nulle.

Le coin du fiscaliste

La question de l'évaluation du contrat de capitalisation ou d'assurance-vie donné en garantie du remboursement du crédit *in fine* dans le cas d'un nantissement de celui-ci est souvent posée.

Certains praticiens pensent, en effet, que la garantie ainsi donnée est susceptible d'affecter la valeur du contrat de capitalisation pour le calcul de l'ISF.

La réponse ministérielle DEFLESSELLES (JOAN Q, 2004P3303) apporte une réponse négative :

« *Il résulte des dispositions de l'article 885 E du Code Général des Impôts que l'assiette de l'impôt de solidarité sur la fortune (ISF) est constituée par la valeur nette, au 1er janvier de l'année d'imposition, de l'ensemble des biens, droits et valeurs imposables appartenant au foyer fiscal, soumis à cet impôt. Par exception sont considérés, sous certaines conditions, comme biens professionnels et exonérés à ce titre d'ISF, les biens nécessaires à l'exercice, à titre principal, par leur propriétaire, d'une profession industrielle, commerciale, artisanale, agricole ou libérale. Ce dispositif ne peut être étendu aux biens propres des dirigeants apportés en garantie de leurs investissements professionnels, dès lors que la constitution de garantie sur de tels biens n'a aucune incidence sur la valeur de ceux-ci. Les biens considérés conservent donc leur valeur et doivent ainsi être ajoutés au patrimoine du dirigeant pour le calcul de l'ISF dans les conditions de droit commun.* »

Section 2 - Le cas où l'exploitation locative est assurée par une société

Lorsque l'activité locative n'est pas exercée en nom propre, mais via une société relevant du régime fiscal des sociétés de personnes, telle qu'une EURL ou une SARL de famille, la question de l'appréciation du caractère professionnel se pose à l'égard des parts sociales et non au regard des biens donnés en location.

Les dispositions de l'article 885 R du Code Général des Impôts ne trouvent pas matière à application, puisque celles-ci visent exclusivement le caractère professionnel des « locaux d'habitations loués meublés ou destinés à être loués meublés »...

Les dispositions applicables en matière d'ISF sont alors celles de l'article 885 O du Code Général des Impôts :

> « *Sont également considérés comme des biens professionnels les parts de sociétés de personnes soumises à l'impôt sur le revenu visées aux articles 8 et 8 ter lorsque le redevable exerce dans la société son activité professionnelle principale.* »

Le contribuable doit être en mesure de justifier qu'il exerce bien, dans la société, son activité professionnelle principale, ce qui implique l'accomplissement d'un certain nombre de diligences susceptibles d'être regardées comme correspondant à l'exercice d'une activité effective.

La question se pose alors de savoir si la simple conclusion d'un bail commercial au profit d'un exploitant qui assure la gestion des locaux meublés peut être assimilée à l'exercice d'une activité professionnelle, puisque le gérant de la société est étranger à l'exercice de l'activité d'hébergement et se contente, le plus souvent, de faire établir par son expert comptable les comptes de la société, d'assurer la convocation des associés aux Assemblées Générales et, enfin, de dresser les procès-verbaux d'assemblées.

NB : Lorsque la condition d'immatriculation au Registre du Commerce et des Sociétés n'est pas satisfaite, en raison du refus opposé par le Greffe, motivé par le caractère non commercial de l'activité, l'Administration admet de ne pas opposer le non-respect de cette condition de forme sous réserve que le contribuable justifie de ce refus en présentant une copie de la décision du Greffe (Réponse LAMBERT – 13 avril 1995, SEN page 80, n° 6809).

Le coin du fiscaliste

Lorsque l'activité est exercée dans le cadre d'une SARL de famille, une réponse ministérielle ZOCCHETTO du 25 juillet 2000 précise que seules les parts détenues par le gérant sont susceptibles d'être regardées comme des biens professionnels - exonérées d'impôt de solidarité sur la fortune -, sous réserve que ce dernier exerce dans la société son activité professionnelle principale.

Chapitre 14

La transmission de l'activité locative

Points clés

✓ la souscription d'un engagement collectif de conservation des biens ou des parts sociales permet, sous certaines conditions, de bénéficier d'une exonération partielle de droits de donation ou de succession ;
✓ les ayants droit d'un loueur en meublé professionnel peuvent bénéficier du dispositif de paiement différé et fractionné des droits de succession ;
✓ les droits de succession relatifs aux biens attachés par nature à l'activité transmise sont déductibles.

Lors du décès du loueur en meublé, les droits de succession sont calculés sur la valeur vénale des biens transmis, qui participent à la composition de l'actif successoral.

Appliqué à la location meublée, le coût fiscal que représente la stricte application du barème des droits de succession s'avère, le plus souvent, élevé, lorsque le loueur en meublé détient plusieurs logements.

Transmission en ligne directe (barème 2011)	
Fraction de part nette taxable	**Tarif applicable**
N'excède pas : 8072 euros	5 %
Comprise entre : 8072 et 12109 euros	10 %
12109 et 15932 euros	15 %
15932 et 552324 euros	20 %
552324 et 902838 euros	30 %
902838 et 1805677 euros	35 %
Au-delà de : 1805677 euros	40 %

N.B. : Le montant des abattements dont bénéficient les enfants s'élève, au titre des donations et successions intervenues en 2011 à la somme de 159 325 € applicable à la part taxable revenant à chacun d'entre eux, qu'il soit vivant ou représenté. Le conjoint est désormais totalement exonéré de droits de succession.

Section 1 - Une possibilité d'exonération des trois quarts de la valeur des biens

Les loueurs en meublé peuvent, sous certaines conditions, bénéficier d'une exonération des droits de succession correspondant aux trois quarts de la valeur des biens affectés à l'exploitation, ou de celle des parts sociales, lorsque l'activité est exercée dans le cadre d'une société.

Cet avantage, réservé aux loueurs professionnels, est subordonné au respect de conditions différentes selon que la transmission porte sur une entreprise individuelle ou sur les parts d'une société :

- entreprise individuelle : le défunt ou le donateur doit avoir détenu l'entreprise pendant deux ans si celle-ci avait été acquise à titre onéreux (aucune condition de délai n'est requise en cas de création ou si l'entreprise a été reçue à titre gratuit). Chaque légataire héritier ou donataire doit souscrire, pour lui et ses ayants cause à titre gratuit, un engagement de conservation de la totalité des biens affectés à l'exploitation pendant une durée de quatre ans. L'un des légataires, héritiers ou donataires, doit assurer la poursuite effective de l'exploitation locative pendant trois ans ;
- parts ou actions de sociétés : les titres doivent avoir fait l'objet, préalablement au décès ou à la donation, d'un engagement collectif de conservation d'une durée de deux ans minimum, souscrit par le défunt ou le donateur pour lui comme pour ses ayants cause à titre gratuit, avec un ou plusieurs associés. L'engagement doit porter sur au moins 34 % des droits de vote et des droits financiers, pourcentage qui doit être respecté pendant toute la durée de l'engage-

ment collectif de conservation des titres. Chacun des légataires, héritiers ou donataires, doit, lors de la transmission, s'engager à conserver les titres reçus, pour lui comme pour ses ayant cause à titre gratuit, pendant une durée de quatre ans à partir de l'expiration de l'engagement collectif de conservation des titres. Enfin, l'un des légataires ou héritiers, ou l'un des associés qui a souscrit l'engagement collectif de conservation des titres, doit exercer son activité principale dans la société pendant les trois années qui suivent la transmission.

En pratique, le bénéfice de ces dispositions ne profite qu'assez rarement aux transmissions de parts sociales de sociétés de personnes, compte tenu de la condition d'exercice de l'activité principale par l'un des légataires, héritiers ou associés de la société.

Il n'est pas non plus certain qu'elles puissent être fréquemment utilisées en matière de transmission d'entreprises individuelles, car si l'un des légataires ou héritiers assure la poursuite effective de l'exploitation pendant cinq ans, les conditions de professionnalisme édictées par la Loi ne pourront que rarement être satisfaites.

Il n'est pas exclu en effet, que l'Administration exige de celui qui reprend l'exploitation qu'il réalise plus de 23 000 euros de recettes, alors que ces dernières doivent être réparties entre les bénéficiaires de la transmission, au prorata de leurs droits respectifs.

À retenir :

- Selon la doctrine administrative, il convient de faire application des règles relatives aux entreprises individuelles en présence d'une transmission portant sur des parts d'EURL (instruction 7 G-6.01, n° 63).
- L'administration considère que le bénéfice de l'exonération partielle des droits de mutation est subordonné, en présence d'une société relevant du régime fiscal des sociétés de personnes, à l'exercice d'une fonction de direction par l'un des signataires du pacte Dutreil. Elle précise que le respect de cette condition implique que celui qui exerce cette fonction puisse justifier qu'il en tire le moyen de subvenir à ses besoins.

Section 2 - Paiement différé et fractionné

Les loueurs en meublé peuvent bénéficier du paiement différé et fractionné des droits de succession prévu en matière de transmission d'entreprises, lorsque l'activité locative est exercée à titre professionnel (réponse ministérielle FALCO, AN 21 mai 1990).

Le bénéfice de cette mesure est subordonné à la seule qualité de loueur professionnel du titulaire de l'activité, et non à celle de ses ayants droit qui n'ont, pour leur part, d'autre condition à satisfaire que celle de recueillir l'activité.

Ces derniers sont alors autorisés à différer, puis à étaler le paiement des droits de mutation dans les conditions suivantes :

- paiement différé des droits pendant cinq ans, à partir de leur date d'exigibilité (le premier versement intervient cinq ans et six mois après) ;
- à l'issue de la période de cinq ans précitée, fractionnement du paiement sur dix ans, par échéances semestrielles.

Les droits de succession ainsi différés et fractionnés sont assortis du versement d'intérêts dont le taux – très faible – est fixé selon un mécanisme assez complexe, en fonction du taux de l'intérêt légal, avec possibilité de réduction des deux tiers.

Section 3 - La déductibilité des droits de succession

Dans l'hypothèse où les ayants droit poursuivent des activités de location meublée, les droits de succession sont déductibles conformément aux dispositions de l'article 39-1- 4° du Code Général des Impôts.

La jurisprudence du Conseil d'État admet, en effet, que les droits de succession (ou de donation) dus à raison de la transmission d'une entreprise soient déductibles à la date de leur exigibilité, sous réserve qu'il s'agisse de biens affectés par nature à l'activité transmise (CE n° 22973, 19/02/2003).

Chapitre 15

Location meublée et charges sociales

Points clés

✓ les loueurs en meublé non immatriculés au Registre de Commerce et des Sociétés ne sont pas affiliés au RSI, organisme collecteur des cotisations sociales ;

✓ les gérants de société sont affiliés au RSI s'ils détiennent une participation majoritaire dans le capital social ;

✓ l'affiliation au RSI peut présenter un intérêt pour les personnes qui n'ont pas de couverture sociale.

Les loueurs en meublé sont assujettis aux cotisations sociales lorsque les conditions d'exercice de l'activité locative dépassent le cadre de la simple gestion du patrimoine.

Depuis le 1er janvier 2009, l'activité locative est regardée comme correspondant à l'exercice d'une profession lorsque le loueur en meublé est inscrit au Registre du Commerce et des Sociétés.

Une circulaire RSI du 18 mai 2009 précise :

« Toute nouvelle immatriculation au Registre du Commerce et des Sociétés en qualité de loueurs en meublé depuis le 1er janvier 2009 entraîne une affiliation auprès du RSI dans le groupe professionnel des commerçants. »

Quatre catégories de loueurs en meublé co-existent désormais :

- les loueurs en meublé professionnels qui, immatriculés au Registre du Commerce et des Sociétés, ont la qualité d'affilié au RSI ;
- les anciens loueurs en meublé professionnels qui, devenus, non professionnels, demeurent affiliés au RSI du fait du maintien de leur immatriculation au RCS ;
- les loueurs en meublé non professionnels qui, à défaut d'immatriculation au RCS, ne sont pas regardés comme assujettis aux cotisations sociales ;

- les loueurs en meublé placés sous le statut d'auto-entrepreneur dont l'option pour le prélèvement forfaitaire libératoire a pour conséquence l'affiliation au RSI, sans pour autant qu'ils soient immatriculés au Registre du Commerce et des Sociétés.

Concernant la situation des personnes déjà immatriculées au RCS, la circulaire RSI du 18 mai 2009 précise :

> *« S'agissant des travailleurs indépendants déjà affiliés au RSI en qualité de loueurs en meublé, leur affiliation doit être maintenue, sauf en cas de contestation et en l'absence d'immatriculation au Registre du Commerce et des Sociétés. »*

1. L'intérêt d'une couverture sociale

L'assujettissement aux cotisations sociales peut néanmoins s'avérer avantageux puisqu'elle permet aux loueurs en meublé de bénéficier :

- d'une couverture au titre de l'assurance-maladie ;
- d'une assurance pour la retraite ;
- d'une assurance invalidité/décès.

Pour 2001, les taux de cotisations applicables à l'ensemble des garanties sociales sont les suivants :

- allocations familiales : 5,40 % sur la totalité du revenu professionnel ;
- maladie/maternité : 6,50 % dans la limite de 35 352 € ; 5,90 % de 35 352 € à 176 760 € ;
- assurance vieillesse (régime de base) : 16,65 % dans la limite de 35 352 € ;
- assurance vieillesse (régime complémentaire obligatoire) : 6,50 % dans la limite de 106 056 € ;
- invalidité/décès : 1,30 % dans la limite de 35 352 € ;
- indemnités journalières : 0,70 % dans la limite de 176 760 € ;
- formation professionnelle : 0,15 % sur la base de 33 352 € ;
- CSG-CRDS : 8 % sur la totalité du revenu professionnel + cotisations sociales obligatoires.

Les personnes qui exercent une activité de location meublée sont souvent tentées de ne pas rechercher l'affiliation au RSI, afin d'échapper aux cotisations sociales souvent regardées comme un surcoût inutile.

Ce réflexe n'est pas toujours justifié ; il existe en effet de nombreuses situations où le maintien de l'affiliation peut s'avérer intéressant :

- conjoint ou conjointe ayant cessé prématurément son activité professionnelle et qui, grâce à l'exercice d'une activité de location meublée, conserve la possibilité de bénéficier d'une couverture sociale et continuer à valider les trimestres de cotisations requis, afin de consolider les droits de retraite déjà acquis ;
- personnes désireuses d'interrompre leur activité professionnelle avant l'âge de la retraite, et de poursuivre l'activité – moins prenante – de loueur en meublé, jusqu'à obtention du nombre de trimestres de cotisations suffisant pour bénéficier de la liquidation de leur retraite au taux plein ;
- personnes dont la carrière professionnelle est brève (artistes ou sportifs de haut niveau par exemple) et qui risquent de se trouver brutalement privées de couverture sociale.

À retenir :

Lorsque le revenu professionnel est inférieur à un certain seuil, les cotisations sont calculées sur une base annuelle minimale pour 2011 :

Maladie, maternité et indemnité journalières
- Base minimum : 14 141 €
- Montant minimal annuel : 1 018 €

Retraite :
- Base minimum : 1 800 €
- Montant annuel : 417 €

Invalidité, décès :
- Base minimum : 7 200 €
- Montant annuel : 93 €

2. Activité déficitaire et Couverture Maladie Universelle (CMU)

Les personnes qui n'ont d'autre activité que la location meublée et dont le montant des ressources ne dépasse pas un plafond annuel révisé chaque année, sont éligibles au bénéfice de la CMU.

L'affiliation à la CMU est effectuée auprès d'une Caisse Primaire d'Assurance Maladie et ouvre droit, gratuitement, pour une durée d'un an renouvelable, au bénéfice des prestations du régime général.

Lorsque le montant des ressources dépasse un plafond fixé chaque année, les allocataires se voient réclamer le paiement d'une cotisation au taux de 8 % sur le montant des revenus perçus l'année civile précédente qui dépasse ce plafond.

Les associés qui ne communiquent pas les éléments permettant de calculer la cotisation due peuvent faire l'objet d'une taxation d'office sur une base égale à cinq fois le plafond de la Sécurité sociale, soit une somme de 9 029 € pour la période du premier octobre 2010 au 30 septembre 2011.

3. La situation des loueurs en meublé qui exercent d'autres activités

Il est fréquent que les loueurs en meublé exercent, par ailleurs, d'autres activités professionnelles à raison desquelles ils sont assujettis au versement de cotisations sociales.

Les règles applicables aux intéressés sont alors les suivantes :

- exercice, à titre indépendant, d'une activité non agricole.

  Le loueur en meublé est tenu de cotiser à la Caisse à laquelle il est affilié à raison de son activité principale, étant précisé que les cotisations sont calculées sur la totalité des revenus.

- exercice d'une activité salariée.

  Les cotisations sont versées à la fois au régime des salariés et au RSI.

Lors de la création de l'activité de location meublée, le loueur peut demander à ne pas verser la cotisation minimum au RSI, en faisant valoir que son activité salariée est prépondérante.

La régularisation intervient lors de la détermination de l'activité principale, étant précisé que la cotisation est alors calculée sur les revenus non salariés réels.

- exercice d'une activité agricole indépendante

  L'affiliation s'effectue auprès du régime correspondant à l'activité principale exercée par l'intéressé.

4. L'assujettissement des associés de sociétés aux cotisations sociales

Les personnes qui exercent l'activité de location meublée par l'intermédiaire d'une société relevant du régime fiscal des sociétés de personnes (EURL, SARL de famille) peuvent être assujetties au versement de cotisations sociales, si elles exercent des fonctions de gérant.

La Chambre Sociale de la Cour de Cassation a jugé que :

> *« Les associés des SARL soumises, sur option, au régime fiscal des sociétés de personnes, sont placés dans la même situation que les associés en nom collectif. » (Cas. Soc. 27 5-1970 n° 68-14.346 et n° 68-14.426).*

La qualité d'affilié est néanmoins réservée aux seuls associés qui, majoritaires, exercent la fonction de gérant.

Le statut social applicable dépend alors du critère de détention du capital social, ce qui signifie que l'associé ne relève du RSI qu'en cas de participation majoritaire.

L'assiette des cotisations sociales est déterminée par le revenu professionnel pris en compte pour le calcul de l'impôt sur le revenu, conformément aux dispositions de l'article L 131-6 du Code de la Sécurité Sociale.

Les déficits antérieurs ne viennent pas en minoration de celle-ci.

Chapitre 16

L'intérêt de créer une société

Points clés

- ✓ le recours à une SCI pour exercer l'activité de location meublée est à proscrire ;
- ✓ la SARL de famille permet de répondre à la majorité des objectifs patrimoniaux traditionnellement visés par les loueurs en meublé ;
- ✓ le recours à la technique du démembrement de propriété appliquée aux parts sociales facilite la transmission du patrimoine aux enfants.

La question de la création d'une société, pour y loger l'activité, est régulièrement soulevée par les candidats investisseurs.

Ceux-ci sont en effet parfois réticents à créer une situation d'indivision, notamment lorsque l'opération s'effectue dans un contexte familial et que les conjoints qui réalisent ensemble l'acquisition relèvent d'un régime de séparation de biens.

La volonté d'associer des enfants, même mineurs, à la détention du patrimoine ainsi créé, constitue également un objectif susceptible d'être pris en compte dans le choix de la structuration juridique de l'acquisition.

1. La Société Civile Immobilière : une formule à exclure

Le recours à la Société Civile Immobilière de gestion doit être évité puisqu'une telle structure juridique n'apparaît pas adaptée à l'exercice d'une activité de location meublée.

En effet, même si le simple exercice d'une activité de location meublée présente un caractère civil au plan juridique, les revenus locatifs relèvent, au plan fiscal, des bénéfices industriels et commerciaux.

Par suite, la création d'une SCI entraînerait automatiquement l'assujettissement à l'impôt sur les sociétés, comme le prévoit l'article 206.2 du Code Général des Impôts.

Une telle situation écarterait tout recours au statut de loueur meublé, professionnel ou non, puisque les revenus relèveraient des règles applicables à la généralité des sociétés assujetties à l'impôt sur les sociétés.

Dès lors, le choix de la structuration juridique de l'activité ne peut s'effectuer qu'au profit d'une société susceptible de relever du régime fiscal des sociétés de personnes.

2. Le recours à l'EURL : une solution souvent provisoire

L'Entreprise Unipersonnelle à Responsabilité Limitée (EURL) constitue un choix pertinent pour les personnes qui désirent, dans un premier temps, détenir la totalité des droits patrimoniaux relatifs à leur acquisition, tout en se réservant la possibilité d'y associer ultérieurement un conjoint ou des enfants.

Il leur est ainsi loisible, le moment venu, de transférer, à titre gratuit (donation) ou onéreux (cession), une partie des parts sociales à leur conjoint ou à des membres de leur famille, sans pour autant remettre en cause le régime de la translucidité fiscale sous réserve toutefois d'exercer, à cette occasion, l'option pour le régime fiscal des sociétés de personnes prévue à l'article 239 bis AA du Code Général des Impôts ; tel peut être le cas, en particulier, des personnes qui investissent alors qu'elles n'ont pas encore créé de famille ou qui ne souhaitent pas, dans un premier temps, associer leur compagnon ou leur conjoint à la détention du patrimoine ainsi constitué.

3. La SARL de famille : une structure *ad hoc*

La localisation de l'activité locative au sein d'une SARL de famille permet de faciliter la détention d'un bien immobilier dans un contexte familial, étant précisé que l'option pour le régime de sociétés de personnes prévue à l'article 239 bis AA du Code Général des Impôts ne peut être exercée que si la société est constituée entre personnes mariées, ayant conclu un pacte civil de solidarité, ou entre parents, enfants, frères et sœurs.

Le plus souvent, la société est constituée, au départ, entre les parents, sans participation des enfants, ou avec une participation symbolique de ces derniers au capital social.

Sa vocation principale est de permettre la transmission progressive du patrimoine familial ainsi constitué aux enfants, dans les conditions les plus avantageuses.

La transmission s'effectue alors par le biais de la donation de la nue-propriété de parts sociales ; ce qui permet :

- de réserver les revenus aux parents usufruitiers ;
- de permettre l'accès ultérieur des enfants à la pleine propriété des parts, lors de l'extinction de l'usufruit, au décès des parents.

Les parents, usufruitiers, conservent ainsi la jouissance des bénéfices de la société en vue d'obtenir, à l'heure de la retraite, un complément de revenus.

La circonstance que les enfants soient mineurs ne constitue pas un obstacle, puisque la société étant à Responsabilité Limitée la participation d'enfants mineurs au capital social ne nécessite pas d'autorisation du Juge des tutelles.

L'existence d'une situation de démembrement est toutefois susceptible de créer certaines difficultés lorsque la société est déficitaire puisque, selon la doctrine administrative :

> « *La prise en compte des déficits fiscaux réalisés par la société revient de droit au nu-propriétaire qui, en tant qu'associé, doit répondre des dettes sociales.* » (Instruction administrative 08 novembre 1999).

L'Administration admet toutefois, dans cette situation, que l'usufruitier et le nu-propriétaire des parts sociales puissent convenir, ensemble, d'une répartition différente du résultat, sous réserve que cette convention soit écrite, conclue et enregistrée avant la date de clôture de l'exercice ; la rédaction de celle-ci, qui modifie les dispositions statutaires relatives à la taxation du résultat, est délicate et implique le recours à un professionnel du droit, avocat ou notaire, afin de prévenir le risque de taxation aux droits d'enregistrement ou celui de l'abus de droit, ce dernier étant notamment encouru si la convention est susceptible d'être assimilée à une libéralité.

3.1. L'exercice du droit de vote en cas de démembrement des parts sociales

L'attribution aux enfants de la nue-propriété des parts sociales suscite des interrogations sur l'exercice du droit de vote dans les Assemblées Générales.

La loi a en effet prévu que les droits de vote relatifs à l'affectation du résultat soient réservés à l'usufruitier et les droits de vote relatifs aux autres résolutions au nu-propriétaire (article 1844 du Code Civil) ; il est toutefois possible de modifier ces règles qui, en pratique, confèrent aux usufruitiers les droits de vote dans les Assemblées Générales Ordinaires, et aux nus-propriétaires, les droits de vote dans les Assemblées Générales Extraordinaires.

Cette modification doit être expressément prévue par les statuts de la société, qui peuvent même autoriser l'usufruitier à bénéficier de la totalité des droits de vote, sans pour autant interdire au nu-propriétaire la participation aux Assemblées Générales.

Cette solution pouvant apparaître radicale, il est recommandé de réserver aux associés nus-propriétaires la faculté d'exercer les droits de vote pour certaines résolutions, et notamment celles relatives à des points susceptibles de les concerner directement telles que :

- l'augmentation ou la réduction du capital social ;
- l'affectation des résultats mis en réserve.

3.2. Les évènements familiaux susceptibles d'affecter le statut fiscal de la société

Certains événements ou accidents de la vie sont susceptibles d'affecter la situation des associés et, par suite, le statut fiscal de la société.

- Le divorce des époux, associés de la SARL de famille

En cas de divorce des époux, associés de la SARL de famille, les conditions de parenté édictées à l'article 239 Bis AA du Code Général des Impôts ne seront plus satisfaites.

Le régime de la translucidité fiscale se voit, dès lors, remis en cause, puisque les ex-conjoints, devenus des tiers, ne respectent plus les conditions légales précitées.

L'Administration admet néanmoins, dans cette circonstance, que le régime des sociétés de personnes ne soit pas remis en cause si des parts appartenant à l'un des deux ex-conjoints sont transmises, dans un délai de 6 mois, à l'autre conjoint ou à une autre personne ayant avec ce dernier un lien de parenté suffisant (Réponse TAILHADES SEN. 16 février 1984 p 226, n° 13754).

- Le décès de l'un des associés de la SARL de famille.

En cas de décès de l'un des associés de la SARL de famille, ses ayant-droits peuvent être des personnes qui ne remplissent pas les conditions de parenté requises par la Loi.

Tel est le cas, par exemple, lorsque la SARL est constituée entre frères et sœurs et que l'un d'entre eux décède, transmettant ainsi la propriété des parts sociales à ses enfants.

La SARL se trouve dès lors constituée du frère ou de la sœur survivant, et de ses neveux ou nièces, liens collatéraux ne permettant pas de bénéficier du maintien du régime des sociétés de personnes.

L'Administration admet, dans cette hypothèse, que l'option demeure valable, sous réserve que l'héritier transmette ses parts à une personne parente des autres associés dans un délai de 6 mois identique à celui visé par la Réponse TAILHADES précitée (D.Adm 4 H-1223, n° 3 1er mars 1995).

En revanche, lorsque les parts sont transmises à titre gratuit ou onéreux à un nouvel associé qui remplit les conditions de lien de parenté ci-dessus visées, l'option pour le régime des sociétés de personnes produit ses effets, sans qu'il soit besoin que le nouvel associé renouvelle ou confirme son accord pour le maintien du régime fiscal prévu à l'article 8 du Code Général des Impôts.

Ce point a été confirmé par le Conseil d'État dans un Arrêt du 11 juin 1986 (CE n° 46-697, 9e et 7e SS).

Il est conseillé, néanmoins, par mesure de prudence, de faire confirmer l'option par le nouvel associé.

3.3. *La transmission de la totalité des parts à un nouveau groupe familial*

Une réponse ministérielle VALLEIX (AN. 1 mai 1987, n° 14-828) a admis que, lorsque l'intégralité des parts d'une SARL ayant opté pour le régime fiscal des sociétés de personnes, est cédée à de nouveaux associés qui remplissent entre eux les conditions de parenté prévues à l'article 239 AA du Code Général des Impôts, l'option précédente poursuit ses effets sans qu'il soit besoin de la renouveler, sous réserve que les modifications intervenues à l'occasion de cette cession n'entraînent pas la création d'une personne morale nouvelle.

La société doit, dans cette hypothèse, faire parvenir aux services fiscaux la nouvelle répartition du capital social, l'identité et l'adresse des nouveaux associés, ainsi que les liens de parenté qui les unissent, au plus tard lors du dépôt de la déclaration des résultats de l'exercice au cours duquel la cession des parts est intervenue.

Par mesure de prudence, il est néanmoins conseillé de réitérer l'option sous la signature de tous les nouveaux associés au jour du transfert de la propriété des parts sociales.

Le coin du fiscaliste

L'option pour le régime fiscal des sociétés de personnes implique que la SARL de famille exerce de façon exclusive une ou des activités ayant une nature industrielle, commerciale, artisanale ou agricole.

La Cour Administrative d'Appel de Nancy a remis en cause la validité de l'option d'une SARL de famille qui a procédé à la location de logements nus dans un immeuble acquis à Paris, alors que son activité initiale était la gestion hôtelière (CAA Nancy, 10 mars 2055, n° 01-1230, 2e Ch.).

4. Le recours - délicat - à la Société en Nom Collectif

Lorsque l'acquisition des locaux destinés à être loués meublés est réalisée par plusieurs personnes non unies par des liens familiaux, le recours à la SARL de famille ne peut être envisagé.

Il peut alors être choisi de procéder à la constitution d'une Société en Nom Collectif (SNC).

Une telle société, à l'inverse de la SCI, n'encourt en effet pas le risque de l'assujettissement à l'impôt sur les sociétés, même si son activité est de nature commerciale (sauf option expresse de sa part).

Elle relève du régime des sociétés de personnes et s'avère ainsi mieux adaptée, notamment lorsque le statut de loueur en meublé professionnel est recherché par les investisseurs.

Les caractéristiques juridiques de la Société en Nom Collectif sont les suivantes :

- les associés ont la qualité de commerçant et répondent indéfiniment et solidairement des dettes sociales ;
- la société relève du régime fiscal des sociétés de personnes ;
- les associés peuvent être des personnes physiques ou morales (sociétés).

Il s'agit néanmoins d'un choix délicat, puisque la responsabilité des associés d'une Société en Nom Collectif est à la fois solidaire et indéfinie.

Ainsi chaque associé peut être tenu, à l'égard des tiers, responsable sur son patrimoine personnel de la totalité des dettes de la société.

Par suite, les créanciers ont la faculté de poursuivre chacun des associés pour la totalité des créances détenues sur la Société en Nom Collectif, ce qui peut avoir des conséquences désastreuses au plan patrimonial.

Enfin, les associés de la SNC ont tous la qualité de commerçant et sont, de ce fait, assujettis aux cotisations sociales dans les conditions examinées précédemment (cf. chapitre 15).

Chapitre 17

Les clefs pour jouer gagnant

Points clés

- ✓ la réussite d'un investissement immobilier implique d'examiner au préalable l'environnement juridique et fiscal, mais aussi économique de l'opération ;
- ✓ en cas d'investissement dans une résidence avec services, il est important de s'assurer du professionnalisme et de la solidité financière du gestionnaire.

Section 1 - Identifier les pièges et difficultés

1. La qualification juridique de la location meublée

La qualification juridique de location meublée est réservée, selon la doctrine administrative, à la location de locaux d'habitation loués meublés ou destinés à être loués meublés.

La difficulté provient de ce que ni la Loi, ni la doctrine administrative, ne précise ce qu'il convient d'entendre par *« locaux d'habitation »*.

Seul le Code de la Construction et de l'Habitation précise, en ses articles R 111-1 à R 111-17 ce qu'est un logement, c'est-à-dire un bien immobilier à usage d'habitation.

Il résulte de ces dispositions que pour être qualifié d'habitation un logement doit non seulement être décent, mais comporter l'ensemble des installations et équipements nécessaires permettant à celui qui l'occupe d'y vivre et, en particulier, d'y accomplir les actes essentiels de la vie courante que sont la fonction sommeil, la fonction alimentation (possibilité de confectionner des repas) et la fonction toilette.

C'est ainsi que la location de chambres d'hôtels, souvent présentée comme relevant du régime fiscal de la location meublée, soulève une véritable difficulté dans la mesure où, le plus souvent, les clients des hôtels ne peuvent y confectionner leurs repas puisqu'ils ne disposent pas de cuisine.

Diverses réponses individuelles de la Direction de la législation fiscale (DLF) ont maintenu l'incertitude puisqu'elles ont laissé entendre que la qualification de location meublée était applicable en présence de la location de chambres d'hôtels, étant précisé que ces réponses précisent néanmoins que la qualification de location meublée ne pouvait être retenue que qu'il s'agissait de locaux d'habitation ou à usage d'habitation.

Cette incertitude constitue un facteur d'insécurité juridique qui doit inciter à la prudence d'autant que la doctrine administrative, relative à l'application du dispositif Censi-Bouvard réservé au secteur de la location en meublé non professionnelle, précise clairement que, pour être éligibles à l'avantage fiscal, les acquisitions doivent présenter le caractère de logements au sens des articles R 111-1 à R 111-17 précités du Code de la Construction et de l'Habitation.

2. La question de la pluralité des locations

La question de savoir si, pour être professionnel, il faut louer plusieurs appartements meublés est souvent posée.

Certains praticiens considèrent en effet que seules les personnes qui louent plusieurs appartements sont autorisées à se prévaloir des avantages fiscaux attachés au statut LMP.

Cette analyse est erronée, même si un doute a pu être suscité par la formulation de l'article 2 de la Loi du 2 avril 1949 qui prévoit qu'est considéré comme :

> *« exerçant la profession de loueur en meublé... le propriétaire qui loue habituellement plusieurs logements meublés. »*

Ces dispositions n'ont toutefois aucune portée en matière fiscale, puisque seul l'article 151 septies VII du Code Général des Impôts définit les conditions d'accès au professionnalisme.

Une réponse ministérielle Nunzi du 3 août 1992 confirme ce point :

> *« Ces conditions [prévues à l'article 151 septies VII du CGI] sont indépendantes des dispositions de l'article 2 de la Loi du 02 avril 1949 relatives au bénéfice du maintien dans les lieux pour certains clients des hôtels, pensions de famille et meublés, qui n'a aucune incidence en matière fiscale ».*

3. Censi-Bouvard : le respect du délai de location en cas d'acquisition à l'état de futur d'achèvement

L'une des conditions d'éligibilité à la réduction d'impôt Censi-Bouvard dont peuvent bénéficier les personnes qui exercent l'activité de location meublée à titre non professionnel tient à l'obligation de donner le logement meublé en location à l'exploitant de la résidence dans le mois qui suit la date d'achèvement de l'immeuble.

Or, selon la doctrine administrative, dans les immeubles collectifs, la date d'achèvement s'apprécie de façon individuelle, logement par logement, et non collectivement à la date d'achèvement de l'immeuble.

Cette appréciation soulève une véritable difficulté, puisqu'il peut souvent être constaté un décalage de plusieurs semaines, voire de plusieurs mois, entre la date à laquelle sont livrés les premiers logements vendus en l'état futur d'achèvement et la date à laquelle les parties communes de l'établissement ou de la résidence sont achevées.

Dans une telle hypothèse, l'exploitant de la résidence impose souvent que la date d'entrée en jouissance du bail n'intervienne qu'à la date à laquelle il prend possession de l'immeuble dans sa totalité.

Cette exigence n'est pas illégitime et on voit mal une résidence de tourisme, par exemple, accueillir ses premiers clients alors que des travaux se poursuivent dans le bâtiment.

Dans une telle situation, le bénéfice de l'avantage fiscal est susceptible d'être remis en cause pour non-respect de la condition relative à la date de mise en location du logement.

4. Contrats de location assortis d'une clause recettes

Certains contrats de location conclus avec les exploitants d'établissements ou de résidences avec services comportent des clauses liant le montant du loyer au chiffre d'affaires ou au résultat du locataire.

Ces clauses, qualifiées de « clauses recettes », correspondent le plus souvent à la fixation d'un loyer binaire, dont une partie est fixe et l'autre variable.

Selon la doctrine de l'Administration, dans une telle situation, l'association du bailleur aux résultats du preneur a pour effet d'aligner la fiscalité du propriétaire des locaux sur celle de l'exploitant de la résidence, compte tenu de la communauté d'intérêt qui existe ainsi entre eux.

Or, ce dernier n'exerce pas une activité locative, mais para-hôtelière, compte tenu des services fournis à ses propres sous-locataires.

Il n'est pas exclu, dans une telle situation, de voir l'Administration remettre en cause la qualification de location meublée, ce qui pourrait avoir pour conséquence d'assimiler le bailleur à la généralité des personnes qui exercent une activité de nature industrielle, commerciale ou artisanale, sans que lui soient appliquées les règles propres à la location meublée.

5. La charge du renouvellement des meubles

Il peut être observé, à la lecture d'un certain nombre de baux commerciaux, que l'obligation de renouvellement des meubles incombe au preneur, que le contrat de location présente ou non le caractère d'un bail commercial.

Une telle modalité vise à permettre au locataire d'assurer immédiatement le renouvellement des meubles, lorsque cela s'avère nécessaire, sans avoir besoin de demander au bailleur de pourvoir lui-même au remplacement des équipements mobiliers usagés ou détruits.

De telles stipulations se retrouvent en particulier dans certains baux commerciaux relatifs à l'exploitation de résidences avec services telles que des résidences de tourisme ou les résidences pour personnes âgées dépendantes.

Ces clauses, *a priori* favorables au bailleur, sont toutefois de nature à remettre en cause le caractère meublé de la location.

En effet, dès lors que le bail est intitulé *« contrat de location meublée »*, il appartient au bailleur de mettre à la disposition du locataire non seulement les locaux d'habitation, mais également la totalité des meubles et équipements mobiliers qui les garnissent, afin que le locataire puisse occuper le logement sans avoir besoin d'y adjoindre lui-même d'équipements mobiliers.

La circonstance que certains contrats de location attribuent au preneur la charge du renouvellement du mobilier peut inciter l'Administration à remettre en cause la qualification juridique même du contrat au motif que l'obligation de délivrance locative prévue par l'article 1719 du Code Civil risque de ne plus être respectée.

6. La fourniture des services hôteliers

La qualification de location meublée est subordonnée au caractère locatif de l'activité ; celle-ci doit, en effet, relever au plan juridique de la qualification de louage de choses (location d'un bien) ce qui exclut la fourniture directe, ou par mandat, de services para-hôteliers.

Dans ce cas, en effet, l'activité serait regardée comme de nature para-hôtelière et relèverait de la qualification de louage de services.

L'Administration, dans une Instruction du 28 juillet 2009 (4 F-3-09) précise néanmoins que pour que la qualification para-hôtelière de l'activité soit reconnue, il importe que les prestations qui accompagnent l'hébergement correspondent à celles qui permettent l'assujettissement à la TVA (cf. chapitre 16).

Elle considère, en particulier, que la qualification de location meublée ne peut être retenue lorsque sont proposées, en sus de l'hébergement, trois des prestations suivantes fournies dans les conditions analogues à celles du secteur hôtelier : réception de la clientèle, service du petit-déjeuner, nettoyage des locaux, fourniture de linge de maison ; en revanche, lorsque ces prestations sont fournies de manière accessoire, la qualification de location meublée est préservée.

Il importe, à cet égard, de rappeler que lorsque les services para-hôteliers sont assurés par l'exploitant d'une résidence telle qu'une résidence de tourisme, une résidence hôtelière ou une résidence pour étudiants, dans le cadre d'un bail commercial, la qualification de location meublée n'est pas remise en cause puisque la convention qui unit les loueurs à l'exploitant est bien un bail relevant, au plan juridique, du contrat de louage de choses.

Section 2 - Sélectionner son acquisition

Préalablement à toute décision d'acquisition, le candidat loueur en meublé aura intérêt à s'assurer qu'il a clairement identifié ses objectifs personnels, patrimoniaux et fiscaux afin d'éviter de s'engager dans une opération qui ne serait pas adaptée à sa situation.

L'objectif le plus fréquemment rencontré est la volonté de créer un patrimoine immobilier locatif, afin de disposer d'un complément de revenus, notamment pour sa future retraite, au bénéfice d'un environnement fiscal privilégié.

S'il est vrai que la location meublée s'avère plus favorable, de ce point de vue, que la location nue, compte tenu notamment de la possibilité de mieux prendre en compte les dépenses et de déduire les amortissements, il importe de ne pas oublier que tous les logements ne sont pas adaptés à la location meublée.

C'est ainsi, en particulier, que les petites unités d'habitation (studios/T1/T2) répondent souvent mieux aux attentes des locataires de locaux meublés que les grands appartements, puisque les candidats à ce type de location sont le plus souvent des personnes seules ou des couples sans enfant.

Il peut être observé, à l'inverse, que les grands appartements sont, dans la majorité des cas, loués nus à des familles dans le cadre de contrats de location de plus longue durée que ceux rencontrés en matière de location meublée.

La recherche d'un meilleur environnement fiscal ne doit donc pas conduire à la réalisation d'investissements inadaptés à la demande locative.

L'attractivité du régime fiscal qui caractérise la location meublée ne doit pas occulter le fait que l'opération consiste à acquérir un bien immobilier dont la vocation première est de générer des loyers qui seront, dans un premier temps, affectés au remboursement de l'emprunt souscrit pour financer cet investissement.

Il importe donc, avant de procéder à la réalisation de l'acquisition, d'en examiner les conditions économiques en se posant les questions suivantes :

- le logement est-il adapté au profil des personnes intéressées par une location meublée ?
- le bien est-il situé dans une zone où existe une demande locative clairement identifiée ?
- l'investissement n'est-il pas surpayé ?
- le logement bénéficie-t-il d'une bonne localisation dans sa commune d'implantation ?
- le montant des charges n'est-il pas trop élevé ?
- le bien pourra-t-il être facilement revendu ?

Il importe, dès lors, de savoir choisir le support immobilier le mieux approprié à l'exercice de l'activité locative.

Si l'on choisit d'investir dans une résidence avec services, afin de bénéficier du versement d'un loyer régulier, il convient d'identifier la nature de l'établissement en fonction de ses perspectives économiques en termes de remplissage.

En effet, la santé financière du gestionnaire conditionne la faculté de celui-ci à assurer le versement des loyers au propriétaire.

Il convient donc d'être particulièrement sélectif dans le choix de la résidence, en identifiant les besoins d'hébergement selon les différentes catégories d'établissements.

1. Les établissements d'hébergement pour personnes âgées dépendantes (EHPAD)

Les établissements d'hébergement pour personnes âgées dépendantes répondent à un besoin d'hébergement clairement identifié, pour une longue période.

En effet, la France compte 1,4 million de personnes âgées de plus de 85 ans, âge moyen d'entrée dans un EHPAD.

Environ un million de personnes souffre de la maladie d'Alzheimer, première cause de la dépendance en France comme dans les autres pays européens.

Chaque année, environ 225 000 nouveaux cas sont déclarés.

Les personnes âgées dépendantes devraient être au nombre de 2 100 000 en 2020 dont au moins 35 % lourdement dépendantes nécessiteront un placement en EHPAD, ce qui impliquera entre 750 000 et 800 000 places dans les établissements spécialisés.

Projections en matière de dépendance				
	2005	2010	2015	2025
Hypothèse haute	682 000	741 000	808 000	920 000
Hypothèse basse	657 000	691 000	732 000	805 000

Source : INSEE Destisie - hypothèse : DREES/INSEE

2. Les résidences pour personnes âgées non dépendantes (résidences seniors)

Un certain nombre d'opérateurs procèdent aujourd'hui à la création de résidences services spécialement adaptées aux générations du « papy-boom », population née après la dernière guerre mondiale et qui arrive massivement à la retraite entre 2000 et 2020.

Si le terme « papy-boom » est généralement employé pour désigner ce phénomène, il s'agit en réalité d'un « mamy boom » car à l'âge de 75 ans, la proportion de femmes dans la population est proche de 65 %.

Les sept millions de grands-mères qui vivent en France sont plus nombreuses, plus isolées et ont une longévité plus grande que les grands-pères.

Celles-ci sont naturellement attirées vers des formes d'habitat collectif qui leur permettent de rompre avec l'isolement, tout en bénéficiant d'un certain nombre de services à la personne, dans un environnement à la fois sécurisé et convivial.

La France compte aujourd'hui 5 millions de personnes âgées de 75 ans ou plus, qui seront 7 millions en 2025 et 11 millions en 2050.

Il s'agit donc d'un marché qui offre des perspectives intéressantes, même si le positionnement de ces résidences n'est pas toujours identifié avec clarté.

3. Les résidences pour étudiants

Il y a aujourd'hui plus de 2,2 millions d'étudiants en France, dont près de 1,5 million sont inscrits dans les Universités ; l'Observateur de la vie étudiante (O.V.E.) a chiffré à environ 1,4 million le nombre de jeunes qui ont besoin de trouver un logement pour leurs études, étant précisé qu'environ 60 % des étudiants habitent hors du domicile parental et que 150 000 étudiants seulement trouvent une place en chambre dans les Cités universitaires.

4. Les résidences de tourisme classées

Avec plus de 79 millions de visiteurs internationaux, la France se place au 1er rang mondial en termes de fréquentation touristique.

Les résidences de tourisme, situées, pour l'essentiel, en zone de montage ou sur le littoral, accueillent chaque année 12 millions de clients environ.

La constatation de la défaillance d'un certain nombre d'exploitants, ces dernières années, doit conduire le candidat investisseur à être particulièrement attentif à l'environnement économique dans lequel est exercée l'activité d'hébergement eu égard en particulier :

- à l'attractivité de la zone d'implantation, notamment s'il s'agit d'une localisation en zone montagne ou en zone de revitalisation rurale (ZRR) ;
- aux conditions de la concurrence hôtelière et para-hôtelière ;
- à la nature de la clientèle touristique accueillie (tourisme de loisirs, d'affaires ou de santé).

Il existe, toutefois, toujours une capacité touristique pour les bons emplacements et les produits de qualité.

Il convient, dans tous les cas, d'être attentif à la qualité de l'exploitant, celui-ci devant disposer non seulement d'une réelle expérience dans ce secteur d'activité, mais également d'une surface financière suffisante pour assurer durablement le versement des loyers, même dans l'hypothèse où le taux d'occupation de l'établissement ne devrait pas pleinement répondre aux attentes commerciales.

C'est ainsi que dans les résidences de tourisme, pour que l'exploitation soit rentable, le taux d'occupation de l'établissement doit être de 60 % ou plus à l'année, étant observé que, dans la majorité des cas, l'activité d'hébergement est saisonnière.

Si la période d'occupation est assez brève en zone littorale ou en zone de montagne, elle est en revanche plus longue en zone urbaine.

Les spécialistes considèrent enfin que le montant des loyers versés aux propriétaires ne doit pas représenter plus de 35 % du chiffre d'affaires de l'exploitant, afin que l'équilibre de l'exploitation soit assuré, ce dernier étant le gage du versement des loyers aux investisseurs.

Chapitre 18

Les questions les plus fréquemment posées

Peut-on être loueur en meublé lorsque l'on fournit, directement ou par mandat, des services hôteliers ?

Selon la doctrine administrative, la fourniture directe, ou par mandat, des services hôteliers qui permettent l'assujettissement à la TVA est exclusive de la qualification de location meublée (cf. Chapitre 1).

Peut-on acquérir le statut de loueur en meublé professionnel en cas d'investissement dans une résidence avec services ?

L'acquisition de logements au sein d'une résidence avec services permet d'acquérir le statut de loueur en meublé professionnel, sous réserve que les logements soient donnés à bail à l'exploitant et que le bailleur ne soit associé ni à la gestion, ni aux résultats de ce dernier, ni encore à la fourniture de services para-hôteliers (cf. Chapitre 1).

Peut-on bénéficier de réduction d'impôt Censi-Bouvard en cas d'investissement dans une résidence hôtelière ?

Il n'est pas possible de bénéficier de la réduction d'impôt Censi-Bouvard en cas d'acquisition de logements dans une résidence hôtelière, puisque celle-ci ne figure pas au rang des résidences avec services éligibles au bénéfice de l'avantage fiscal, étant précisé qu'il convient de ne pas confondre résidence hôtelière et résidence de tourisme classée (cf. Chapitre 9).

Peut-on accéder au statut de loueur en meublé professionnel sans être immatriculé au Registre du Commerce et des Sociétés ?

Il est possible d'être regardé par l'Administration fiscale comme exerçant l'activité en qualité de loueur en meublé professionnel, même si l'on n'est pas immatriculé au Registre du Commerce et des Sociétés.

Il suffit en effet au loueur en meublé de prouver qu'il a demandé son immatriculation au RCS et que celle-ci a été refusée par le Greffe en raison du caractère non commercial de l'activité (cf. Chapitre 4).

L'accès au statut de loueur en meublé professionnel est-il possible en cas d'acquisition de l'usufruit des locaux ?

Rien n'interdit à l'usufruitier des locaux de les louer meublés, étant précisé, toutefois, s'il conclut un bail commercial ou un contrat d'une durée de 9 ans ou plus, qu'il doit recueillir au préalable l'accord du nu-propriétaire.

Les revenus locatifs risquent toutefois d'être lourdement fiscalisés puisque l'amortissement des locaux est réservé au seul nu-propriétaire ; toutefois, en présence d'un usufruit temporaire, l'usufruitier a la faculté d'amortir celui-ci sur la durée pour laquelle il a été constitué (cf. Chapitre 16).

Peut-on bénéficier de la réduction d'impôt Censi-Bouvard en cas d'acquisition en démembrement ?

Il n'est pas possible de bénéficier de la réduction Censi-Bouvard, prévue à l'article 199 sexvicies du Code Général des Impôts, lorsque l'acquisition est réalisée dans le cadre d'un schéma de démembrement de propriété (cf. Chapitre 9).

Comment apprécier la valeur du terrain non amortissable ?

Il n'existe pas de règles spécifiques pour déterminer la valeur du terrain à isoler en comptabilité, car celle-ci n'est pas amortissable.

Sauf à obtenir de précisions sur ce point auprès du promoteur immobilier ou du notaire, le loueur en meublé doit, sous sa propre responsabilité, déterminer la valeur du terrain. En pratique, celle-ci est le plus souvent comprise entre 10 et 30 % des prix d'acquisition totale pour tendre, dans la majorité des cas, vers 14 ou 15 %.

Dans les grandes agglomérations, telles que Paris, où le prix du foncier est plus élevé, les valeurs retenues se situent souvent entre 20 et 30 % (cf. Chapitre 5).

Peut-on bénéficier du statut LMP si l'activité de location est exercée par une société ?

L'exercice de l'activité via une société de personnes (EURL, SARL de famille, SNC) ne fait pas obstacle au bénéfice du statut de loueur en meublé professionnel.

Dans ce cas, les seuils de recettes prévus par la Loi ne sont pas appréciés au niveau de la société, mais distinctement pour chaque associé qui est réputé réaliser un montant de recettes locatives correspondant à sa quote-part des droits sociaux (cf. Chapitre 1 et Chapitre 17).

Peut-on être simultanément soumis à la Contribution Économique Territoriale et à la taxe d'habitation pour les mêmes locaux ?

Il n'y a pas, en principe, d'imposition simultanée à la taxe d'habitation et à la taxe professionnelle.

La première frappe, en effet, la personne qui dispose de la jouissance des locaux meublés alors que la Contribution Économique Territoriale concerne les personnes qui louent des locaux d'habitation meublée et qui ne bénéficient pas d'une exonération particulière.

Des risques de chevauchement sont cependant susceptibles d'intervenir, notamment en cas d'utilisation mixte des locaux, puisque l'Administration considère, dans cette hypothèse, qu'il y a jouissance privative au titre des périodes où les locaux ne sont pas effectivement loués (cf. Chapitre 11).

Les loueurs en meublé sont-ils soumis au versement des cotisations sociales ?

Selon le RSI, organisme collecteur, les loueurs en meublé sont assujettis au versement des cotisations sociales lorsqu'ils sont immatriculés au Registre du Commerce et des Sociétés (cf. Chapitre 16).

Les loueurs en meublé professionnels sont-ils exonérés d'ISF au titre des biens loués ?

Les personnes qui exercent l'activité de loueur en meublé à titre professionnel peuvent être exonérées d'ISF à raison des biens loués.

Toutefois, la qualification professionnelle des biens loués par une personne physique n'est pas possible lorsque l'activité est déficitaire.

En effet, l'article 885 R du Code Général des Impôts implique, entre autres conditions, que les revenus de l'activité doivent procurer au loueur en meublé des revenus qui représentent plus de 50 % des revenus professionnels du foyer fiscal (cf. Chapitre 14).

Les loueurs en meublé doivent-ils tenir une comptabilité ?

Si l'on excepte la situation des micro-loueurs qui bénéficient d'un allégement de leurs obligations comptables et fiscales, les loueurs en meublé, sont tenus aux mêmes obligations comptables que la généralité des commerçants, qu'ils exercent l'activité locative à titre professionnel ou non, ou relèvent du régime réel simplifié ou réel normal d'imposition (cf. Chapitre 5).

Est-il possible d'associer les enfants à l'activité ?

Il est possible d'associer les enfants, même mineurs, à l'activité de location meublée.

Toutefois, dans ce cas, il est recommandé d'avoir recours à la création d'une SARL de famille et de prévoir l'association des enfants par donation de la nue-propriété des parts sociales, tout en veillant, grâce à une rédaction appropriée des statuts, à ne pas remettre en cause le contrôle de la société par les parents (cf. Chapitre 17).

Est-il nécessaire de louer plusieurs logements pour bénéficier du statut de loueur en meublé professionnel ?

Il n'est pas nécessaire de louer plusieurs logements pour être qualifié de loueur en meublé professionnel, puisque les critères de professionnalisme définis par la Loi fiscale n'imposent aucune condition de pluralité locative.

Une personne peut donc exercer l'activité à titre professionnel même lorsqu'elle loue un seul appartement, villa ou chalet, dès lors que les conditions requises sur le plan fiscal sont satisfaites (cf. Chapitre 4).

Une personne qui réalise un investissement au bénéfice de la réduction d'impôt Censi-Bouvard peut-elle devenir loueur en meublé professionnel sans remettre en cause le bénéfice d'avantage fiscal ?

Selon la doctrine de l'Administration, la circonstance qu'une personne qui a bénéficié de la réduction d'impôt Censi-Bouvard devienne ultérieurement loueur en meublé professionnel, ne remet pas en cause le bénéfice de la réduction d'impôt, même si le changement de statut fiscal intervient au cours de la période de 9 ans correspondant à l'engagement de location (cf. Chapitre 9).

Comment sont taxées les plus-values immobilières réalisées par les personnes qui exercent l'activité de location meublée à titre non professionnel ?

Les personnes qui exercent l'activité locative à titre non professionnel relèvent du régime des plus-values des particuliers (cf. Chapitre 5 et Chapitre 6).

La cession d'un bien immobilier ayant donné lieu au remboursement de la TVA entraîne-t-elle systématiquement le reversement partiel de celle-ci (par 20e) ?

La cession du bien immobilier, loué par bail à l'exploitant d'une résidence avec services, ne donne pas lieu au reversement de la TVA lorsque l'acquéreur poursuit l'exécution du bail et a lui-même la qualité d'assujetti ; la Loi prévoit, en effet, la possibilité de bénéficier d'une dispense de régularisation dans une telle hypothèse (article 257 bis du Code Général des Impôts) (cf. Chapitre 12).

Peut-on bénéficier de la réduction d'impôt Censi-Bouvard si l'on est loueur en meublé professionnel ?

Le bénéfice de la réduction d'impôt Bouvard est réservé aux personnes qui exercent l'activité locative à titre non professionnel.

Toutefois, si le propriétaire du logement devient professionnel au cours de la période d'engagement de location, la réduction d'impôt n'est pas remise en cause (cf. Chapitre 9).

Peut-on déduire les amortissements en cas d'acquisition d'un logement pour lequel la réduction d'impôt Bouvard est demandée ?

En cas d'acquisition d'un ou plusieurs logements pour lesquels la réduction d'impôt Bouvard est demandée, les amortissements ne sont admis en déduction du résultat imposable qu'à concurrence de ceux pratiqués sur la fraction du prix de revient qui excède le montant retenu pour la réduction d'impôt, celui-ci étant plafonné à 300 000 € par an (cf. Chapitre 5 et Chapitre 9).

La réduction d'impôt Bouvard est-elle concernée par le plafonnement des niches fiscales ?

La réduction d'impôt Bouvard est concernée par le dispositif de plafonnement global des avantage fiscaux prévu à l'article 200-O A du Code Général des Impôts (cf. Chapitre 9).

Peut-on acquérir plusieurs logements Bouvard au titre d'une même année ?

Contrairement au dispositif Scellier, où la réduction d'impôt ne peut concerner qu'un logement par an, le contribuable peut bénéficier de la réduction d'impôt à raison de l'acquisition de plusieurs logements au titre d'une même année d'imposition ; le montant total des acquisitions prises en compte pour le calcul de la réduction d'impôt est cependant plafonné à 300 000 € pour une même année d'imposition (cf. Chapitre 9).

Les résidences seniors sont-elles éligibles à la réduction d'impôt Bouvard ?

Sous réserve que la structure assurant la fourniture des services à la personne ait obtenu l'agrément « qualité » visé à l'article L.7232-3 du

Code du travail, les résidences destinées à accueillir des « seniors », personnes âgées non dépendantes, sont éligibles au bénéfice de l'avantage fiscal, toutes autres conditions étant satisfaites, par ailleurs (cf. Chapitre 9).

Peut-on utiliser à titre personnel un appartement situé dans une résidence avec services dont l'acquisition a ouvert droit à la réduction d'impôt Bouvard ?

Le logement ne peut être utilisé à titre personnel sans remettre en cause le bénéfice de l'avantage fiscal, puisque la location doit être effective et continue pendant toute la période d'engagement de location.

Il est admis, toutefois, que les personnes qui font l'acquisition de logements au sein de résidences de tourisme classées puissent bénéficier de droits de séjours au sein de leur logement, sous réserve que ceux-ci n'excèdent pas huit semaines par an et qu'elles acquittent le prix de leur séjour auprès de l'exploitant, au bénéfice d'une décote pouvant aller jusqu'à 25 % (cf. Chapitre 9).

L'accès au régime « micro loueur » implique-t-il une option particulière ?

Le régime des micro-entreprises s'applique de plein droit pour l'ensemble des loueurs en meublé dont le montant des recettes annuelles n'excède pas 32 600 € (seuil 2011) ; il leur est néanmoins loisible d'opter pour un régime réel d'imposition, tel que le régime réel normal ou le régime réel simplifié (cf. Chapitre 5).

Peut-on obtenir le remboursement de la TVA quand on est micro loueur ?

La qualité de redevable de la TVA est réservée aux personnes qui ont renoncé au régime de la franchise en base et opté, corrélativement, pour un régime réel d'imposition ; il est néanmoins observé que depuis le 1er janvier 2009, les seuils de la micro-entreprise et de la franchise en base ne sont plus identiques pour les loueurs en meublé (cf. Chapitre 12).

Les loueurs en meublé non professionnels sont-ils soumis au paiement de la cotisation foncière des entreprises (CFE) ?

La circonstance que l'activité soit exercée à titre non professionnel n'a aucune incidence sur le principe de l'assujettissement à la cotisation foncière des entreprises (CFE), ce qui signifie qu'un loueur en meublé non professionnel peut se voir réclamer le paiement de cette contribution.

Ce point a été précisé par une réponse ministérielle KAROUTCHI (16 février 2006 question n° 20781) qui, bien que visant la taxe professionnelle, semble transposable à la CFE (cf. Chapitre 11).

Est-il possible de bénéficier du régime « micro » en cas d'exercice en société ?

Il n'est pas possible de bénéficier du régime du micro loueur lorsque l'activité est exercée en société.

En effet, une société relève obligatoirement d'un régime réel d'imposition (régime réel simplifié ou régime réel normal) (cf. Chapitre 5 et Chapitre 17).

Le statut de loueur en meublé professionnel peut-il être remis en cause en cas de retards du locataire dans le paiement des loyers ?

La question du montant des recettes à prendre en compte pour la détermination des seuils de recettes prévus par la loi est indépendante de la date de paiement des loyers.

L'activité de loueur en meublé relève, en effet, des bénéfices industriels et commerciaux dont les règles comptables sont celles des créances acquises et des dépenses engagées.

Par suite, les loyers sont comptabilisés en produits, même lorsqu'ils sont payés avec retard (cf. Chapitre 5).

La réduction d'impôt Censi-Bouvard est-elle remise en cause lorsque le non-respect de l'engagement de location résulte du décès du contribuable ?

Aucune remise en cause de l'avantage fiscal n'est opérée lorsque le contribuable ou l'un des membres du couple soumis à imposition commune décède.

Cette mesure de tolérance s'applique également pour certains cas d'invalidité ou en cas de licenciement du contribuable ou de l'un des membres du couple soumis à imposition commune (cf. Chapitre 9).

Peut-on bénéficier de la réduction d'impôt Censi-Bouvard en cas d'acquisition par une société ?

La réduction d'impôt Bouvard est réservée aux contribuables personnes physiques fiscalement domiciliées en France au sens de l'article 4 B du Code Général des Impôts.

Par suite, l'acquisition via une société telle qu'une Eurl ou une Sarl de famille ne permet pas de bénéficier de l'avantage fiscal (cf. Chapitre 9).

La réduction d'impôt est-elle reprise si le contribuable est muté à l'étranger ?

Lorsque le contribuable qui a bénéficié de la réduction d'impôt transfère son domicile fiscal hors de France, ce changement n'entraîne pas de remise en cause de l'avantage fiscal, même s'il intervient au cours de la période couverte par l'engagement de location ; il ne peut toutefois bénéficier de la réduction d'impôt pendant la durée de son expatriation fiscale.

S'il établit à nouveau son domicile fiscal en France avant l'extinction de la période couverte par la période d'engagement, il peut bénéficier du reliquat de réduction d'impôt à concurrence des années d'imputation qui restent à courir (cf. Chapitre 9).

Peut-on être loueur en meublé professionnel et relever du régime micro ?

Rien n'interdit de prendre en compte, pour le calcul des deux conditions de recettes prévues par la loi, le montant des loyers d'une personne relevant du régime micro, étant précisé que l'appréciation des deux conditions de recettes prévues par la loi s'effectue au niveau du foyer fiscal (cf. Chapitre 4).

Les 8 règles d'or de l'investissement locatif

Raisonner « immobilier » avant de raisonner optimisation fiscale.

N'acheter aucun bien sans vous être au préalable déplacé sur le site.

Vérifier qu'il existe un marché locatif dynamique.

Comparer le prix d'acquisition au mètre carré avec l'offre immobilière locale.

Assurez-vous que le logement soit adapté à l'exercice d'une activité de location meublée.

Comparer le prix de l'acquisition au mètre carré avec l'offre immobilière locale.

Assurez-vous que le montant de vos revenus d'activité n'est pas trop élevé pour vous permettre de respecter la condition de recettes prévue en matière de LMP.

N'hésitez pas à vous faire accompagner par un professionnel du droit (Avocat fiscaliste ou Notaire).

Avertissement

Les développements, précisions et éléments chiffrés figurent dans cet ouvrage correspondent à l'état de la législation en vigueur à la date de sa rédaction (avril 2011).

Le lecteur est invité à vérifier si d'éventuelles modifications législatives, réglementaires ou jurisprudentielles ne sont pas intervenues entre-temps.

ANNEXES

EXTRAITS DES PRINCIPAUX TEXTES & DISPOSITIONS LÉGALES CITÉS

Avertissement :

les textes de loi, réponses ministérielles ou jurisprudences cités en annexes ont pour but de compléter et préciser l'information du lecteur sur les points les plus importants ou les plus délicats traités dans cet ouvrage

Article 261 D 4° a, b, c et d du Code Général des Impôts

Sont exonérés de la taxe sur la valeur ajoutée :

4° Les locations occasionnelles, permanentes ou saisonnières de logements meublés ou garnis à usage d'habitation.

a. Aux prestations d'hébergement fournies dans les hôtels de tourisme classés et les résidences de tourisme classées lorsque ces dernières sont destinées à l'hébergement des touristes et qu'elles sont louées par un contrat d'une durée d'au moins neuf ans à un exploitant qui a souscrit un engagement de promotion touristique à l'étranger dans les conditions fixées par un décret en Conseil d'État ;

b. Aux prestations de mise à disposition d'un local meublé ou garni effectuées à titre onéreux et de manière habituelle, comportant en sus de l'hébergement au moins trois des prestations suivantes, rendues dans les conditions similaires à celles proposées par les établissements d'hébergement à caractère hôtelier exploités de manière professionnelle : le petit-déjeuner, le nettoyage régulier des locaux, la fourniture de linge de maison et la réception, même non personnalisée de la clientèle ;

c. Aux locations de locaux nus, meublés ou garnis consenties à l'exploitant d'un établissement d'hébergement qui remplit les conditions fixées aux a ou b, à l'exclusion de celles consenties à l'exploitant d'un établissement mentionné à l'article L. 633-1 du code de la construction et de l'habitation dont l'activité n'ouvre pas droit à déduction.

d. Aux prestations d'hébergement fournies dans les villages résidentiels de tourisme, lorsque ces derniers sont destinés à l'hébergement des touristes et qu'ils sont loués par un contrat d'une durée d'au moins neuf ans à un exploitant, dans des conditions fixées par décret en Conseil d'État.

Ces villages résidentiels de tourisme s'inscrivent dans une opération de réhabilitation de l'immobilier de loisirs définie par l'article L. 318-5 du code de l'urbanisme.

Article 151 septies VII du Code Général des Impôts

Les articles 150 U à 150 VH sont applicables aux plus-values réalisées lors de la cession de locaux d'habitation meublés ou destinés à être loués meublés et faisant l'objet d'une location directe ou indirecte lorsque cette activité n'est pas exercée à titre professionnel. L'activité de location directe ou indirecte de locaux d'habitation meublés ou destinés à être loués meublés est exercée à titre professionnel lorsque les trois conditions suivantes sont réunies :

1° Un membre du foyer fiscal au moins est inscrit au registre du commerce et des sociétés en qualité de loueur professionnel ;

2° Les recettes annuelles retirées de cette activité par l'ensemble des membres du foyer fiscal excèdent 23 000 € ;

3° Ces recettes excèdent les revenus du foyer fiscal soumis à l'impôt sur le revenu dans les catégories des traitements et salaires au sens de l'article 79, des bénéfices industriels et commerciaux autres que ceux tirés de l'activité de location meublée, des bénéfices agricoles, des bénéfices non commerciaux et des revenus des gérants et associés mentionnés à l'article 62.

Pour l'application de la troisième condition, les recettes afférentes à une location ayant commencé avant le 1er janvier 2009 ou portant sur un local d'habitation acquis ou réservé avant cette date dans les conditions prévues aux articles L. 261-2, L. 261-3, L. 261-15 ou L. 262-1 du code de la construction et de l'habitation sont comptées pour un montant quintuple de leur valeur, diminué de deux cinquièmes de cette valeur par année écoulée depuis le début de la location, dans la limite de dix années à compter du début de celle-ci.

La location du local d'habitation est réputée commencer à la date de son acquisition ou, si l'acquisition a eu lieu avant l'achèvement du local, à la date de cet achèvement. L'année où commence la location, les recettes y afférentes sont, le cas échéant, ramenées à douze mois pour l'appréciation des seuils mentionnés aux 2° et 3°. Il en est de même l'année de cessation totale de l'activité de location.

Article 156-I-1°bis du Code Général des Impôts

L'impôt sur le revenu est établi d'après le montant total du revenu net annuel dont dispose chaque foyer fiscal. Ce revenu net est déterminé eu égard aux propriétés et aux capitaux que possèdent les membres du foyer fiscal désignés aux 1 et 3 de l'article 6, aux professions qu'ils exercent, aux traitements, salaires, pensions et rentes viagères dont ils jouissent ainsi qu'aux bénéfices de toutes opérations lucratives auxquelles ils se livrent, sous déduction :

I. du déficit constaté pour une année dans une catégorie de revenus ; si le revenu global n'est pas suffisant pour que l'imputation puisse être intégralement opérée, l'excédent du déficit est reporté successivement sur le revenu global des années suivantes jusqu'à la sixième année inclusivement.

Toutefois, n'est pas autorisée l'imputation :

1° des déficits provenant d'exploitations agricoles lorsque le total des revenus nets d'autres sources excède 106 225 euros ; ces déficits peuvent cependant être admis en déduction des bénéfices de même nature des années suivantes jusqu'à la sixième inclusivement.

Le montant mentionné au premier alinéa est révisé chaque année selon les mêmes modalités que la limite supérieure de la première tranche du barème de l'impôt sur le revenu.

1° bis des déficits provenant, directement ou indirectement, des activités relevant des bénéfices industriels ou commerciaux lorsque ces activités ne comportent pas la participation personnelle, continue et directe de l'un des membres du foyer fiscal à l'accomplissement des actes nécessaires à l'activité. Il en est ainsi, notamment, lorsque la gestion de l'activité est confiée en droit ou en fait à une personne qui n'est pas un membre du foyer fiscal par l'effet d'un mandat, d'un contrat de travail ou de toute autre convention. Les déficits non déductibles pour ces motifs peuvent cependant être imputés sur les bénéfices tirés d'activités de même nature exercées dans les mêmes conditions, durant la même année ou les six années suivantes. Ces modalités d'imputation ne sont pas applicables aux déficits provenant de l'activité de location directe ou indirecte de locaux d'habitation meublés ou destinés à être loués meublés.

Toutefois, lorsque l'un des membres du foyer fiscal fait l'objet d'une procédure de liquidation judiciaire prévue par le titre IV du livre VI du code de commerce à raison de l'activité génératrice des déficits mentionnés au premier alinéa, les dispositions du premier alinéa du I sont applicables au montant de ces déficits restant à reporter à la date d'ouverture de la procédure, à la condition que les éléments d'actif affectés à cette activité cessent définitivement d'appartenir, directement ou indirectement, à l'un des membres du foyer fiscal.

Les dispositions du premier alinéa s'appliquent pour la détermination du revenu imposable au titre des années 1996 et suivantes aux déficits réalisés par les membres des copropriétés mentionnées à l'article 8 quinquies. Dans les autres cas, elles sont applicables au déficit ou à la fraction du déficit provenant d'activités créées, reprises, étendues ou adjointes à compter du 1er janvier 1996. Cette fraction est déterminée au moyen d'une comptabilité séparée retraçant les opérations propres à ces extensions ou adjonctions et qui donne lieu à la production des documents prévus à l'article 53 A ; à défaut, les modalités d'imputation prévues au premier alinéa s'appliquent à l'ensemble du déficit des activités.

Les dispositions du premier alinéa s'appliquent également à la fraction du déficit des activités créées ou reprises avant le 1er janvier 1996 provenant des investissements réalisés à compter de cette date. Cette fraction est déterminée selon le rapport existant entre la somme des valeurs nettes comptables de ces investissements et la somme des valeurs nettes comptables de l'ensemble des éléments de l'actif immobilisé, y compris ces investissements. Les biens loués ou affectés à l'activité par l'effet de toute autre convention sont assimilés à des investissements pour l'application de ces dispositions.

Les dispositions du premier alinéa ne sont pas applicables au déficit ou à la fraction de déficit provenant de l'exploitation :

a. d'immeubles ayant fait l'objet avant le 1er janvier 1996 d'une déclaration d'ouverture de chantier prévue à l'article R. 421-40 du code de l'urbanisme et acquis par le contribuable, directement ou indirectement, dans les cinq ans de cette déclaration, lorsque les biens ou droits ainsi acquis n'ont pas été détenus directement ou indirectement par une personne physique ;

b. de biens meubles corporels acquis à l'état neuf, non encore livrés au 1er janvier 1996 et ayant donné lieu avant cette date à une commande accompagnée du versement d'acomptes au moins égaux à 50 % de leur prix.

Article 35 de l'annexe IV du Code Général des Impôts

Les déclarations prévues aux 1° et 2° du I de l'article 286 du code général des impôts doivent être souscrites par les redevables de la taxe sur la valeur ajoutée lors de toute modification substantielle des conditions d'exercice de leur activité.

Il en est ainsi notamment :

Lors de l'ouverture d'un établissement secondaire d'une agence ou d'une succursale. Dans ce cas déclaration doit en être faite également au service dans le ressort duquel se trouve cet établissement, cette agence ou cette succursale ;

Lors de toute modification de la forme juridique de l'entreprise.

Article R.111-1 à R.111-3 du Code de la Construction et de l'Habitation

Article R.111-1-1

Les dispositions du présent chapitre sont applicables dans toutes les communes à
Les dispositions du présent chapitre sont applicables dans toutes les communes à la construction des bâtiments d'habitation nouveaux ainsi qu'aux surélévations de bâtiments d'habitation anciens et aux additions à de tels bâtiments.

Constituent des bâtiments d'habitation au sens du présent chapitre les bâtiments ou parties de bâtiment abritant un ou plusieurs logements, y compris les foyers, tels que les foyers de jeunes travailleurs et les foyers pour personnes âgées autonomes, à l'exclusion des locaux destinés à la vie professionnelle lorsque celle-ci ne s'exerce pas au moins partiellement dans le même ensemble de pièces que la vie familiale et des locaux auxquels s'appliquent les articles R. 123-1 à R. 123-55, R. 152-4 et R. 152-5.

Sont considérés comme foyers pour personnes âgées autonomes les établissements dont le niveau de dépendance moyen des résidents est inférieur à un seuil fixé par arrêté conjoint des ministres chargés du logement, de l'intérieur et des personnes âgées, et qui accueillent une proportion de résidents dépendants dans la limite d'un taux fixé par l'arrêté précité.

Un logement ou habitation comprend, d'une part, des pièces principales destinées au séjour ou au sommeil, éventuellement des chambres isolées et, d'autre part, des pièces de service, telles que cuisines, salles d'eau, cabinets d'aisance, buanderies, débarras, séchoirs, ainsi que, le cas échéant, des dégagements et des dépendances.

Article R.111-2

La surface et le volume habitables d'un logement doivent être de 14 mètres carrés et de 33 mètres cubes au moins par habitant prévu lors de l'établissement du programme de construction pour les quatre premiers habitants et de 10 mètres carrés et 23 mètres cubes au moins par habitant supplémentaire au-delà du quatrième.

La surface habitable d'un logement est la surface de plancher construite, après déduction des surfaces occupées par les murs, cloisons, marches et cages d'escaliers, gaines, embrasures de portes et de fenêtres ; le volume habitable correspond au total des surfaces habitables ainsi définies multipliées par les hauteurs sous plafond.

Il n'est pas tenu compte de la superficie des combles non aménagés, caves, sous-sols, remises, garages, terrasses, loggias, balcons, séchoirs extérieurs au logement, vérandas, volumes vitrés prévus à l'article R*. 111-10, locaux communs et autres dépendances des logements, ni des parties de locaux d'une hauteur inférieure à 1,80 mètre.

Article R.111-3

Tout logement doit :

a) Être pourvu d'une installation d'alimentation en eau potable et d'une installation d'évacuation des eaux usées ne permettant aucun refoulement des odeurs ;

b) Comporter au moins une pièce spéciale pour la toilette, avec une douche ou une baignoire et un lavabo, la douche ou la baignoire pouvant toutefois être commune à cinq logements au maximum, s'il s'agit de logements d'une personne groupés dans un même bâtiment ;

c) Être pourvu d'un cabinet d'aisances intérieur au logement et ne communiquant pas directement avec les cuisines et les salles de séjour, le cabinet d'aisances pouvant toutefois être commun à cinq logements au maximum s'il s'agit de logements d'une personne et de moins de 20 mètres carrés de surface habitable et à condition qu'il soit situé au même étage que ces logements ;

d) Comporter un évier muni d'un écoulement d'eau et un emplacement aménagé pour recevoir des appareils de cuisson.

Les règles de construction et d'installation des fosses septiques et appareils analogues sont fixées par un arrêté conjoint du ministre chargé de la santé et du ministre chargé de la construction et de l'habitation.

Les immeubles collectifs comportent un local clos et ventilé pour le dépôt des ordures ménagères avant leur enlèvement.

Article 582 du Code Civil

L'usufruitier a le droit de jouir de toute espèce de fruits, soit naturels, soit industriels, soit civils, que peut produire l'objet dont il a l'usufruit.

Article 1862 du Code Civil

Lorsque plusieurs associés expriment leur volonté d'acquérir, ils sont, sauf clause ou convention contraire, réputés acquéreurs à proportion du nombre de parts qu'ils détenaient antérieurement.

Si aucun associé ne se porte acquéreur, la société peut faire acquérir les parts par un tiers désigné à l'unanimité des autres associés ou suivant les modalités prévues par les statuts. La société peut également procéder au rachat des parts en vue de leur annulation.

Le nom du ou des acquéreurs proposés, associés ou tiers, ou l'offre de rachat par la société, ainsi que le prix offert sont notifiés au cédant. En cas de contestation sur le prix, celui-ci est fixé conformément aux dispositions de l'article 1843-4, le tout sans préjudice du droit du cédant de conserver ses parts.

Article 589 du Code Civil

Si l'usufruit comprend des choses qui, sans se consommer de suite, se détériorent peu à peu par l'usage, comme du linge, des meubles meublants, l'usufruitier a le droit de s'en servir pour l'usage auquel elles sont destinées, et n'est obligé de les rendre, à la fin de l'usufruit, que dans l'état où elles se trouvent, non détériorées par son dol ou par sa faute.

Article 1844 du Code Civil

Tout associé a le droit de participer aux décisions collectives.

Les copropriétaires d'une part sociale indivise sont représentés par un mandataire unique, choisi parmi les indivisaires ou en dehors d'eux. en cas de désaccord, le mandataire sera désigné en justice à la demande du plus diligent.

Si une part est grevée d'un usufruit, le droit de vote appartient au nu-propriétaire, sauf pour les décisions concernant l'affectation des bénéfices, où il est réservé à l'usufruitier.

Les statuts peuvent déroger aux dispositions des deux alinéas qui précèdent.

Instruction Administrative du 1er août 1996 (4 A-7-96)

44. Il est rappelé que les loueurs en meublé s'entendent des personnes qui louent, directement ou indirectement, des locaux d'habitation meublés ou destinés à être

meublés. Par location, il convient d'entendre l'ensemble des conventions ayant pour objet de conférer à un tiers la jouissance des locaux meublés, moyennant rémunération, pour une certaine durée, déterminée ou non.

Ne sont, en revanche, pas concernées, les conventions d'hébergement qui, en raison des services fournis ou proposés, dépassent la simple jouissance du bien.

Article L. 631-7 du Code de la Construction et de l'Habitation – Ordonnance n° 2005-655 du 8 juin 2005

Article 24

L'article L. 631-7 du code de la construction et de l'habitation est remplacé par les dispositions suivantes: «Art. L. 631-7. – Dans les communes de plus de 200 000 habitants et dans les départements des Hauts-de-Seine, de la Seine-Saint-Denis et du Val-de-Marne, le changement d'usage des locaux destinés à l'habitation est soumis à autorisation préalable. «Constituent des locaux destinés à l'habitation toutes catégories de logements et leurs annexes, y compris les logements-foyers, logements de gardien, chambres de service, logements de fonction, logements inclus dans un bail commercial, locaux meublés donnés en location dans les conditions de l'article L. 632-1. «Pour l'application du présent chapitre, un local est réputé à usage d'habitation s'il était affecté à cet usage au 1er janvier 1970. Cette affectation peut être établie par tout mode de preuve. Les locaux construits postérieurement au 1er janvier 1970 sont réputés avoir l'usage pour lequel la construction a été autorisée. «Toutefois, lorsqu'une autorisation administrative subordonnée à une compensation a été accordée après la date de référence pour changer l'usage d'un local mentionné à l'alinéa précédent, le local autorisé à changer d'usage et le local ayant servi de compensation sont réputés avoir l'usage résultant de l'autorisation. «Sont nuls de plein droit tous accords ou conventions conclus en violation du présent article. «Les dispositions du présent article ne sont pas applicables aux locaux appartenant à une personne publique, affectés à un autre usage que l'habitation à la date de leur cession et dont le produit de la cession donne lieu au versement d'une recette non fiscale au profit du budget de l'État. Elles demeurent inapplicables aux locaux qui auront fait l'objet d'une telle cession.»

Article 25

L'article L. 631 -7-1 du Code de la Construction et de l'Habitation est remplacé par les dispositions suivantes: «Art. L. 631-7-1. – L'autorisation préalable au changement d'usage est délivrée, après avis du maire et, à Paris, Marseille et Lyon, après avis du maire d'arrondissement, par le préfet du département dans lequel est situé l'immeuble. Elle peut être subordonnée à une compensation sous la forme de la transformation concomitante en habitation de locaux ayant un autre usage. «L'autorisation de changement d'usage est accordée à titre personnel. Elle cesse de produire effet lorsqu'il est mis fin, à titre définitif, pour quelque raison que ce soit, à l'exercice professionnel du bénéficiaire. Toutefois, lorsque l'autorisation est subordonnée à une compensation, le titre est attaché au local et non à la personne. Les locaux offerts en compensation sont mentionnés dans l'autorisation qui est publiée au fichier immobilier ou inscrite au livre foncier. « L'usage des locaux définis à l'article L. 631-7 n'est en aucun cas affecté par la prescription trentenaire prévue par l'article 2262 du code civil. « Dans chaque département où l'article L. 631-7 est applicable, le préfet prend un arrêté fixant les conditions dans lesquelles sont délivrées les autorisations et déterminées les compensations par quartier et, le cas échéant, par arrondissement, au regard des objectifs de mixité sociale, en fonction notamment des caractéristiques des marchés de locaux d'habitation et de la nécessité de ne pas aggraver la pénurie de logements. »

Article 26

L'article L. 631-7-2 du Code de la Construction et de l'Habitation est remplacé par les dispositions suivantes : « Art. L. 631 -7-2. – Dans des conditions fixées par l'arrêté prévu à l'article

L. 631-7-1, le préfet peut autoriser, dans une partie d'un local d'habitation utilisé par le demandeur comme sa résidence principale, l'exercice d'une profession à la condition que celle-ci ne revête à aucun moment un caractère commercial. »

Article 27

À l'article L. 631 -7-3 du Code de la Construction et de l'Habitation, les mots : « aux dispositions de l'article L. 631-7 » sont remplacés par les mots : « aux dispositions des articles L. 631-7 et L. 631 -7-2 ».

Article 28

L'article L. 631-8 du Code de la Construction et de l'Habitation est remplacé par les dispositions suivantes : « Art. L. 631-8. – Lorsque le changement d'usage fait l'objet de travaux entrant dans le champ d'application du permis de construire, la demande de permis de construire ou la déclaration de travaux vaut demande de changement d'usage. « Ces travaux ne peuvent être exécutés qu'après l'obtention de l'autorisation mentionnée à l'article L. 631-7. »

Article 29

I - Les personnes qui, avant l'entrée en vigueur de la présente ordonnance, ont changé, sans autorisation, l'usage d'un local auquel était applicable l'article L. 631-7 du code de la construction et de l'habitation, bénéficient sur demande d'une autorisation à titre personnel si elles justifient, avant le 1er juillet 2006, de l'usage continu et non contesté des lieux à des fins autres que l'habitation depuis au moins vingt ans à la date d'entrée en vigueur de la présente ordonnance.

II - Les autorisations définitives accordées sur le fondement du même article L. 631-7 avant l'entrée en vigueur de la présente ordonnance et qui ont donné lieu à compensation effective, sont attachées au local et non à la personne.

III - Les locaux régulièrement affectés à un usage autre que l'habitation qui, à la date d'entrée en vigueur de la présente ordonnance, sont temporairement affectés à l'habitation en vertu d'une déclaration d'affectation temporaire des locaux, peuvent, nonobstant les dispositions de l'article L. 631-7 du Code de la Construction et de l'Habitation, retrouver leur affectation antérieure sur simple déclaration adressée au préfet avant l'expiration du délai mentionné dans la déclaration d'affectation temporaire. En l'absence de déclaration, les locaux qui, à l'expiration de ce délai, demeurent affectés à l'habitation sont régis par les dispositions applicables aux locaux à usage d'habitation.

Question n° 95-15 soumise au comité de coordination du registre du commerce et des sociétés

Être loueur de meublés professionnel dépend de l'immatriculation au registre du commerce et des sociétés. Quels sont les critères d'obligation pour l'immatriculation au registre du commerce et des sociétés lorsque le loueur n'effectue aucune prestation commerciale annexe ? Demande d'avis de la Chambre de Commerce et d'Industrie de l'arrondissement d'Ales.

1. Aux termes de l'article 2 de la loi du 2 avril 1949 accordant le bénéfice du maintien dans les lieux à certains clients des hôtels, pensions de famille et meublés, est considéré comme « exerçant la profession de loueur en meublé, le bailleur qui loue habituellement plusieurs logements meublés, que la location s'accompagne ou non de prestations secondaires telles que location de linge, nettoyage des locaux, préparations culinaires.

La qualité de loueur en meublé professionnel ne dépend pas de l'immatriculation au registre du commerce et des sociétés.

2. L'obligation de s'immatriculer au registre du commerce et des sociétés est requise lorsque deux conditions sont réunies :

– D'une part, le bailleur doit être un loueur en meublé professionnel tel que défini par l'article 2 de la loi précitée,

– D'autre part, le bailleur doit être commerçant.

À cet égard, il convient d'examiner au cas par cas quel est l'objet principal de la location entre l'immeuble et les meubles.

3. Le seul texte relatif à l'immatriculation des loueurs en meublés professionnels est un texte fiscal, qui n'oblige pas ceux-ci à être immatriculés, mais fait dépendre de cette immatriculation la possibilité d'être assujetti à la TVA.

Le Comité émet en conséquence l'avis suivant :

La question de savoir si un loueur en meublé professionnel n'effectuant aucune prestation commerciale annexe doit être immatriculé au registre du commerce et des sociétés est à analyser au cas par cas.

Il faut, pour être immatriculé, que le loueur donne à bail plus d'un logement meublé, à titre habituel, et que l'objet principal de la location soient des meubles et non l'immeuble.

Délibération du Comité du 27 avril 1995 Président : Jean-Pierre COCHARD

Rapporteur : Carola ARRIGHI DE CASANOVA

Article L. 632-1 Code de la Construction et de l'Habitation

Toute personne qui loue un logement meublé, que la location s'accompagne ou non de prestations secondaires, bénéficie d'un contrat établi par écrit d'une durée d'un an dès lors que le logement loué constitue sa résidence principale. À l'expiration de ce contrat, le bail est tacitement reconduit pour un an sous réserve des dispositions suivantes.

Lorsque la location est consentie à un étudiant, la durée du bail peut être réduite à neuf mois. Dans ce cas, la clause de reconduction tacite prévue au premier alinéa est inapplicable.

Lorsque le contrat prévoit la révision du loyer, celle-ci intervient chaque année à la date convenue entre les parties ou, à défaut, au terme de chaque année du contrat. L'augmentation qui en résulte ne peut dépasser la variation de l'indice de référence des loyers mentionné au d de l'article 17 de la loi n° 89-462 du 6 juillet 1989 tendant à améliorer les rapports locatifs et portant modification de la loi n° 86-1290 du 23 décembre 1986.

Le bailleur qui souhaite, à l'expiration du contrat, en modifier les conditions doit informer le locataire avec un préavis de trois mois. Si le locataire accepte les nouvelles conditions, le contrat est renouvelé pour un an.

Le bailleur qui ne souhaite pas renouveler le contrat doit informer le locataire en respectant le même préavis et motiver son refus de renouvellement du bail soit par sa décision de reprendre ou de vendre le logement, soit par un motif légitime et sérieux, notamment l'inexécution par le locataire de l'une des obligations lui incombant.

Lorsque le bailleur est titulaire d'un bail commercial venant à expiration ou lorsque la cessation d'activité est prévue, le contrat peut être d'une durée inférieure à un an et doit mentionner les raisons et événements justificatifs.

Toutefois, si le bail commercial est renouvelé ou si l'activité est poursuivie, la durée du contrat est portée à un an.

Le locataire peut résilier le contrat à tout moment sous réserve du respect d'un préavis d'un mois.

À peine d'irrecevabilité de la demande, l'assignation par l'exploitant d'un établissement recevant du public aux fins d'hébergement, aux fins de constat de résiliation ou de prononcé de la résiliation du bail d'une personne dont le logement loué meublé constitue la résidence principale est notifiée, à la diligence de l'huissier de justice, au représentant de l'État dans le département, par lettre recommandée avec demande d'avis de réception, au moins un mois avant l'audience, afin qu'il informe les services compétents, notamment les organismes chargés du service des aides au logement et le fonds de solidarité pour le logement.

Courrier en date du 8 juin 2004 à Monsieur Sarkozy, ministre de l'Économie, des Finances et de l'Industrie

Objet : Niches fiscales / Location meublée professionnelle

Monsieur Le Ministre,

Lors de votre récente conférence de presse fixant les orientations économiques et budgétaires envisagées pour redresser la situation des finances publiques, développer l'activité et relancer l'emploi, vous avez évoqué, entre autres mesures, le réexamen des « niches fiscales ».

Je souhaite attirer votre attention, dans le cadre de la réflexion entreprise par vos services, sur le cas particulier de la location meublée professionnelle, activité relevant des bénéfices industriels et commerciaux et qui autorise, sous certaines conditions, le contribuable à imputer le déficit fiscal sur son revenu imposable.

Cette faculté est réservée aux loueurs professionnels, c'est-à-dire aux personnes qui réalisent, chaque année, plus de 23 000 € TTC de recettes annuelles, et qui sont, par ailleurs, immatriculées au registre du commerce et des sociétés, au titre de l'activité ainsi exercée.

Il serait, me semble-t-il, préjudiciable, que ce système, qui contribue largement au maintien d'un certain niveau d'activité dans le secteur du bâtiment, soit reconsidéré dans ses conditions de mise en œuvre, d'autant qu'il me semble que sa suppression coûterait plus à l'État qu'elle ne lui rapporterait.

J'attire, en premier lieu, votre attention sur le fait que le statut de loueur en meublé professionnel, prévu à l'article 151 septies du Code Général des Impôts, ne crée, le plus souvent, que peu de déficits imputables sur le revenu global de l'investisseur, compte tenu des deux paramètres suivants :

– Le faible niveau des taux d'intérêt : les rentabilités locatives offertes dans les résidences pour étudiants, de tourisme ou pour personnes âgées dépendantes, varient entre 4 et 7 %, alors que les taux d'emprunt des intérêts sont compris entre 3 et 4,50 %, ce qui signifie que, si l'on prend en compte les charges déductibles (taxes foncières sur les propriétés bâties, frais de comptabilité, charges des copropriétés), l'activité est, le plus souvent, équilibrée, ou ne dégage que peu de déficits ;

– Les dotations aux amortissements pratiquées sur le plan comptable ne sont pas prises en compte pour la détermination du déficit imputable sur le revenu global du contribuable, en raison de la limitation apportée par l'article 39 C du Code Général des Impôts (dispositions relatives aux biens donnés en location).

Concernant l'impôt de solidarité sur la fortune, l'article 885 R du Code Général des Impôts a déjà supprimé, pour l'essentiel, l'attrait du statut LMP (loueur en meublé professionnel), puisqu'il impose la réunion cumulative des trois conditions suivantes :

– Immatriculation au registre du commerce et des sociétés,

– Réalisation d'un chiffre de recettes annuelles supérieur à 23 000 €,

– Retrait de l'activité d'au moins 50 % des revenus professionnels du foyer fiscal.

Par suite, dans la très grande majorité des cas, les contribuables en activité ne peuvent se prévaloir de la troisième condition relative à l'exonération attachée au caractère professionnel des biens.

De fait, la préoccupation d'une grande partie des investisseurs, aujourd'hui, n'est plus l'attrait fiscal du dispositif, mais la possibilité de se constituer, dans les meilleures conditions possibles, un patrimoine immobilier locatif leur permettant de bénéficier, le moment venu, d'un complément de retraite.

Des investisseurs ayant de plus faibles moyens financiers, ne relevant pas du statut de loueur en meublé professionnel, sont également intéressés par l'acquisition de locaux d'habitation destinés à être loués meublés.

En second lieu, il importe de préciser que le dispositif visant les locations meublées, et en particulier le statut de loueur en meublé professionnel (LMP), contribue, chaque année, à la création de nombreuses résidences pour personnes âgées dépendantes (EHPAD), alors que, comme vous le savez, l'État ou les collectivités territoriales n'ont plus guère la possibilité de financer la création de tels établissements ; or, il y aurait lieu de créer entre 100 et 120 résidences de ce type, chaque année, pour faire face aux besoins d'hébergement liés au vieillissement de la population française. Les événements dramatiques qu'a connu notre pays l'été dernier illustrent clairement ces besoins.

Ce dispositif permet également la mise en place de nombreuses résidences de tourisme contribuant à l'essor des secteurs touristiques et hôteliers, et à l'accueil, dans notre pays, d'une importante clientèle étrangère.

De la même façon, le statut LMP permet la création de très nombreuses résidences pour étudiants, population dont, comme vous le savez, les besoins d'hébergement sont insuffisamment satisfaits, notamment en région parisienne, ainsi que dans de nombreuses métropoles provinciales telles que Toulouse, Montpellier, Bordeaux, Aix En Provence, Nice, Marseille, etc.

Il convient, enfin, de relever que la modification ou la suppression de ce dispositif aurait des incidences budgétaires négatives :

– Taxe professionnelle : l'État perçoit, actuellement, les cotisations de taxe professionnelle des loueurs en meublé, qui sont regardés comme se livrant à l'exercice d'une activité industrielle et commerciale ; si le caractère professionnel de l'activité devait être remis en cause, les cotisations de taxe professionnelle n'auraient plus de fondement légal, puisqu'il ne s'agirait alors plus de l'exercice d'une activité professionnelle, mais d'opérations relevant de la simple gestion du patrimoine privé ;

– Autres contributions de nature fiscale : les investisseurs font l'acquisition, dans de telles résidences, de suffisamment de lots de copropriété pour obtenir le seuil de 23 000 ¤de recette précité ; ils sont, de ce fait, à l'origine, chaque année, de la création de nombreuses résidences hôtelières, de tourisme, pour personnes âgées dépendantes ou pour étudiants, ce qui permet à l'État et aux collectivités territoriales de percevoir de très importantes recettes fiscales en matière de :

- taxes d'urbanisme (taxe locale d'équipement et taxes annexes),
- TVA,
- Taxe foncière sur les propriétés bâties,
- Taxe professionnelle,
- Taxe d'habitation.

Ils sont également contributeurs du versement de cotisations sociales (activité non salariée) en matière de retraite, d'assurance maladie et d'allocations familiales, cotisations qui ne seraient plus acquittées si l'activité locative était regardée comme relevant de la simple gestion d'un patrimoine privé.

Il apparaît donc qu'il serait à la fois paradoxal et contre-productif de modifier un dispositif qui contribue, de façon très significative, au maintien du secteur du bâtiment, et répond à des besoins d'hébergement qui se posent de façon aiguë, notamment pour l'accueil des personnes âgées dépendantes ou les étudiants, alors que :

Le statut LMP n'est que faiblement défiscalisant,

Sa suppression coûterait probablement plus cher à l'État qu'elle ne lui rapporterait.

Question ministérielle posée par Monsieur Bernard Accoyer, député de la Haute-Savoie, le 4 octobre 2005, au ministre délégué au Budget et à la réforme de l'État (n° 74874)

M. Bernard Accoyer attire l'attention de M. le ministre délégué au Budget et à la réforme de l'État sur le régime de TVA applicable à la location de locaux destinés à l'hébergement des personnes âgées dépendantes au sein des établissements spécialisés (EHPAD).

Ces locations sont soumises à la TVA en application des dispositions de l'article 279-D-4°-b du Code Général des Impôts.

Le taux de TVA applicable est le taux réduit prévu à l'article 279 du Code Général des Impôts.

Toutefois, ces résidences comportent, outre les infrastructures dédiées à l'hébergement proprement dit, d'autres locaux tels que les locaux servant à dispenser les soins médicaux, salle de restauration, cuisine, salle de convivialité, tisanerie, etc.

Lorsque ces derniers locaux sont traités en parties communes et loués dans le cadre d'un bail commercial à l'exploitant de l'établissement, la totalité de la location est-elle susceptible de bénéficier du taux réduit de TVA prévu à l'article 279a du Code Général des Impôts.

En effet, la fourniture de prestations de restauration et d'assistance à la personne constitue une prestation accessoire au sens de la jurisprudence de la Cour de Justice des Communautés Européennes (11 janvier 2001, af. 76/99, Commission c. France), étant précisé que ces principes ont été appliqués par la Cour administrative d'appel de Lyon, dans un arrêt du 1er avril 2004 (98- 536, 2e chambre, Plagnat).

Ou, à l'inverse, le bail doit-il faire l'objet d'une ventilation afin de prendre en considération la dualité de taux de TVA et le fait, déjà rappelé dans sa réponse en date du 9 juillet 1996 à la question écrite n° 36999 posée le 1er avril 1996, que les dispositions de l'article 279a du Code Général des Impôts, prévoyant l'application du taux réduit, sont d'interprétation stricte ?

« La fourniture de logement et de la nourriture ainsi que les prestations liées à l'état de dépendance des personnes âgées réalisées par des établissements privés à but lucratif sont soumises à la taxe sur la valeur ajoutée (TVA) au taux réduit en application de l'article 279 a) du Code Général des Impôts. Les prestations liées à l'état de dépendance des personnes âgées hébergées s'entendent des services rendus aux résidents pour accomplir les actes essentiels de la vie courante (s'habiller, se déplacer, manger, faire sa toilette). En revanche, les autres prestations de services (blanchissage du linge personnel, soins esthétiques, frais de téléphone...) sont soumises au taux normal qu'elles soient ou non comprises dans le tarif journalier de l'établissement. Il est en outre précisé que l'hébergement n'est soumis à la TVA que si l'exploitant remplit les conditions prévues à l'article 261 D 4° du code précité. Il doit ainsi être assorti de l'offre d'au moins trois des prestations suivantes, rendues dans des conditions similaires à celles proposées par les établissements d'hébergement à caractère hôtelier exploités de manière professionnelle (le petit déjeuner, le nettoyage régulier des locaux, la fourniture de linge de maison et la réception, même non personnalisée, de la clientèle). Lorsqu'un prix forfaitaire, dont les éléments constitutifs sont décrits dans le contrat de séjour, est réclamé aux résidents, les établissements doivent ventiler en comptabilité le prix total des prestations relevant du taux réduit et de chacune des prestations relevant du taux normal incluses dans le forfait. Par ailleurs, l'article 260 D du code précité prévoit que la location d'un local meublé ou dont la destination finale est le logement meublé est toujours considérée, pour l'application de la TVA, comme une opération de fourniture de logement meublé, quelles que soient l'activité du preneur et l'affectation qu'il donne à ce local. En outre, les locations de locaux nus, meublés ou garnis consenties par bail commercial à TVA. Sur la base de ces dispositions combinées, les locaux destinés à l'hébergement proprement dit ainsi que les locaux d'accueil, les parties communes et les locaux administratifs qui ne produisent pas d'autres recettes par eux-mêmes que les loyers acquittés par les clients au titre de l'hébergement en meublé sont soumis au taux réduit de la TVA. Les locaux qui sont affectés à des services exonérés, ou à des prestations soumises au taux normal de la TVA, sont soit soumis à la TVA sur option dans les conditions prévues par l'article 260-2° du code précité lorsqu'ils sont loués nus, soit soumis de plein droit lorsqu'ils sont aménagés. Le taux applicable est alors le taux normal, quand bien même l'exploitant de l'établissement bénéficierait du taux réduit ou serait exonéré de TVA au titre des services rendus dans ces locaux. En conséquence, il appartient au bailleur de ventiler le loyer perçu entre les locaux destinés à l'hébergement soumis au taux réduit, et les autres locaux soumis au taux normal. Il ne pourra toutefois être répondu précisément que si l'administration est mise en mesure de connaître toutes les circonstances de l'affaire. »

Décision du Conseil d'État du 5 février 2009, n° 307077, 8e et 3e s.-s., S.A.R.L. Distex c. / Ministre.

«[...] Considérant qu'il résulte des pièces du dossier soumis aux juges du fond qu'à l'issue d'une vérification de la comptabilité de la Société Distex pour la période du 1er janvier 1993 au 30 juin 1996, l'administration fiscale a remis en cause l'assujettissement à la taxe sur la valeur ajoutée de son activité de location meublée et lui a notifié les redressements correspondants; qu'après avoir vu sa réclamation rejetée par l'administration, la Société Distex a saisi du litige le tribunal administratif de Strasbourg qui, par un jugement du 28 juillet 2003, a rejeté sa demande en décharge des rappels de taxe sur la valeur ajoutée mis à sa charge; que la société demande l'annulation de l'arrêt du 26 avril 2007 par lequel la cour administrative d'appel de Nancy a rejeté sa requête contre ce jugement;

Considérant, en premier lieu, qu'après avoir relevé que l'administration s'était fondée sur la réalité des prestations offertes par la société sans remettre en cause ni le contenu ni la portée des contrats de résidence conclus avec les locataires, la cour n'a pas commis d'erreur de droit en déduisant de ces circonstances que l'administration ne pouvait être regardée comme ayant entendu, même implicitement, mettre en œuvre la procédure de répression des abus de droit;

Considérant, en second lieu, qu'aux termes du B de l'article 13 de la sixième directive du Conseil des communautés européennes du 17 mai 1977: Sans préjudice d'autres dispositions communautaires, les États membres exonèrent (...) / b) l'affermage et la location de biens immeubles, à l'exception: / 1. Des opérations d'hébergement telles qu'elles sont définies dans la législation des États membres qui sont effectuées dans le cadre du secteur hôtelier ou des secteurs ayant une fonction similaire (...). / Les États membres ont la faculté de prévoir des exclusions supplémentaires au champ d'application de cette exonération (...); qu'aux termes de l'article 261 D du code général des impôts, dans sa rédaction applicable au litige, antérieure à l'entrée en vigueur de l'article 18 de la loi de finances rectificative du 30 décembre 2002: Sont exonérées de la taxe sur la valeur ajoutée: / (...) 4° Les locations occasionnelles, permanentes ou saisonnières de logements meublés ou garnis à usage d'habitation. / Toutefois, l'exonération ne s'applique pas: / a) aux prestations d'hébergement fournies dans les hôtels de tourisme classés (...) / b) aux prestations de mise à disposition d'un local meublé ou garni lorsque l'exploitant offre, en plus de l'hébergement, le petit déjeuner, le nettoyage quotidien des locaux, la fourniture de linge de maison et la réception de la clientèle et qu'il est immatriculé au registre du commerce et des sociétés au titre de cette activité; que si ces dispositions sont incompatibles avec les objectifs de l'article 13 précité de la sixième directive en tant qu'elles subordonnent l'exonération des prestations de mise à disposition d'un local meublé aux conditions cumulatives énumérées au b, en revanche, elles demeurent compatibles avec les objectifs de l'article 13 en tant qu'elles excluent de l'exonération de taxe sur la valeur ajoutée qu'elles prévoient les activités se trouvant dans une situation de concurrence potentielle avec les entreprises hôtelières;

Considérant qu'il ressort des pièces du dossier soumis aux juges du fond que la Société Distex, qui donnait en location quatre-vingt-quatorze studios destinés à des étudiants, n'a employé qu'un seul salarié qui était affecté au gardiennage, à l'accueil et à l'entretien des locaux entre 7 heures et 11 heures et 16 heures et 20 heures; que si les résidents pouvaient y prendre leur petit déjeuner, la société mettait seulement à leur disposition un appareil automatique distribuant des boissons et des croissants, que les contrats ne prévoyaient pas de fourniture de linge de maison, les résidents pouvant s'en procurer moyennant un supplément et que le nettoyage des chambres était mensuel, les nettoyages supplémentaires étant facturés en sus; qu'en déduisant de ces faits, que la cour a souverainement appréciés, que la société ne mettait pas à la disposition de sa clientèle des prestations dans des conditions similaires à celles proposées par des établissements d'hébergement à caractère hôtelier exploités de manière professionnelle, la cour n'a ni commis d'erreur de droit ni procédé à leur inexacte qualification juridique;

Considérant qu'il résulte de ce qui précède que le pourvoi de la Société Distex doit être rejeté; qu'en conséquence, ses conclusions présentées sur le fondement de l'article L. 761-1 du code de justice administrative doivent être également rejetées;

DÉCIDE:

Article 1er: Le pourvoi de la Société Distex est rejeté. [...] ».

Décision du Conseil d'État du 16 novembre 2009, n° 305906

Vu le pourvoi sommaire et le mémoire complémentaire, enregistrés les 23 mai et 23 août 2007 au secrétariat du contentieux du Conseil d'État, présentés pour Mme Michelle A, demeurant... ; Mme A demande au Conseil d'État

1°) d'annuler l'arrêt du 26 mars 2007 par lequel la cour administrative d'appel de Nantes a rejeté sa requête tendant à l'annulation du jugement du 19 janvier 2006 du tribunal administratif de Rennes rejetant sa demande tendant à la décharge des rappels de taxe sur la valeur ajoutée auxquels elle a été assujettie au titre de la période du 1er mars 1995 au 31 décembre 1997 et à ce que soit prononcée cette décharge;

2°) réglant l'affaire au fond, de prononcer la décharge des impositions en litige;

3°) de mettre à la charge de l'État le versement de la somme de 5 000 euros au titre des dispositions de l'article L. 761-1 du code de justice administrative;

Vu les autres pièces du dossier;

Vu la directive 77/388/CEE du Conseil des Communautés européennes du 17 mai 1977; Vu le code général des impôts et le livre des procédures fiscales;

Vu le code de justice administrative;

Après avoir entendu en séance publique

le rapport de Mme Karin Ciavaldini, chargée des fonctions de Maître des

Requêtes, - les observations de la SCP Nicola', de Lanouvelle, Hannotin, avocat de Mme A,

les conclusions de M. Pierre Collin, rapporteur public ;

La parole ayant été à nouveau donnée à la SCP Nicole, de Lanouvelle, Hannotin, avocat de Mme A

Considérant qu'il ressort des pièces du dossier soumis aux juges du fond que Mme A, qui exerce l'activité de loueur en meublé professionnel, a acquis auprès de la SCI Lorient Université dix-neuf appartements et dix emplacements de stationnement situés dans une résidence à Lorient, destinée au logement d'étudiants ; qu'elle a déclaré ses opérations de location de logements meublés à la taxe sur la valeur ajoutée et a déduit le montant de la taxe afférente à l'acquisition des appartements et à ses frais généraux ; qu'à la suite d'une vérification de comptabilité portant, en matière de taxe sur la valeur ajoutée, sur la période du 1er mars 1995 au 31 décembre 1997, l'administration a remis en cause le droit à déduction de la taxe, au motif que l'activité ne satisfaisait pas aux conditions d'assujettissement à la taxe sur la valeur ajoutée énumérées au b du 4° de l'article 261 D du code général des impôts, et a en conséquence notifié à Mme A des rappels de taxe sur la valeur ajoutée d'un montant de 64 660 euros ; que Mme A se pourvoit en cassation contre l'arrêt du 26 mars 2007 par lequel la cour administrative d'appel de Nantes, après avoir jugé que les dispositions du b du 4° de l'article 261 D du code général des impôts étaient incompatibles avec celles de l'article 13 de la sixième directive du Conseil des Communautés européennes du 17 mai 1977, a rejeté sa requête tendant à l'annulation du jugement du 19 janvier 2006 du tribunal administratif de Rennes rejetant sa demande en décharge des rappels de taxe sur la valeur ajoutée mentionnés ci-dessus, au motif que son activité ne pouvait être regardée comme assimilable à une activité hôtelière au sens de la sixième directive ;

Considérant, en premier lieu, qu'après avoir relevé que l'administration n'avait écarté, comme ne lui étant pas opposables, ni les contrats de location conclus entre Mme A et les locataires, ni le contrat de mandat conclu avec la société Gestrim pour la gestion et l'exploitation locative des appartements, mais s'était bornée à vérifier si la réalité des prestations offertes permettait d'assujettir l'activité de Mme A à la taxe sur la valeur ajoutée, la cour, qui n'a pas dénaturé les contrats mentionnés ci-dessus, n'a commis ni d'erreur de droit ni d'erreur de qualification juridique des faits en jugeant que l'administration ne pouvait être regardée comme ayant entendu, même implicitement, mettre en œuvre la procédure de répression des abus de droit ;

Considérant, en deuxième lieu, que le moyen tiré de ce que la cour aurait méconnu le principe de confiance légitime et l'article L. 80 A du livre des procédures fiscales en refusant à Mme A le bénéfice de l'instruction fiscale n° 3-A-9-91 du 11 avril 1991 est nouveau en cassation ; que, n'étant pas d'ordre public, il n'est pas recevable ;

Considérant, en troisième lieu, qu'aux termes du B de l'article 13 de la sixième directive du Conseil des Communautés européennes du 17 mai 1977 : Sans préjudice d'autres dispositions communautaires, les États membres exonèrent (...) b. l'affermage et la location de biens immeubles, à l'exception : 1. Des opérations d'hébergement telles qu'elles sont définies dans la législation des États membres qui sont effectuées dans le cadre du secteur hôtelier ou des secteurs ayant une fonction similaire (...). Les États membres ont la faculté de prévoir des exclusions supplémentaires au champ d'application de cette exonération ; qu'aux termes de l'article 261 D du code général des impôts, dans sa rédaction applicable au litige, antérieure à l'entrée en vigueur de l'article 18 de la loi de finances rectificative du 30 décembre 2002 : Sont exonérées de la taxe sur la valeur ajoutée : (...) / 4° Les locations occasionnelles, permanentes ou saisonnières de logements meublés ou garnis à usage d'habitation. / Toutefois, l'exonération ne s'applique pas / a. aux prestations d'hébergement fournies dans les hôtels de tourisme classés (...) / b. aux prestations de mise à disposition d'un local meublé ou garni lorsque l'exploitant offre, en plus de l'hébergement, le petit déjeuner, le nettoyage quotidien des locaux, la fourniture de linge de maison et la réception de la clientèle et qu'il est immatriculé au registre du commerce et des sociétés au titre de cette activité (...) ; que, si ces dispositions sont incompatibles avec les objectifs de l'article 13 précité de la sixième directive en tant qu'elles subordonnent l'exonération des prestations de mise à disposition d'un local meublé aux conditions cumulatives énumérées au b, en revanche, elles demeurent compatibles avec les objectifs de l'article 13 en tant qu'elles excluent de l'exonération de taxe sur la valeur ajoutée qu'elles prévoient les activités se trouvant dans une situation de concurrence potentielle avec les entreprises hôtelières ;

Considérant, d'une part, qu'en retenant comme critères, pour comparer les prestations fournies par Mme A et celles caractérisant les établissements d'hébergement à caractère hôtelier, les conditions de fourniture du petit déjeuner, de nettoyage des appartements et de mise à disposition de linge de maison, sans conférer à ces critères un caractère cumulatif, la cour n'a pas commis d'erreur de droit ; qu'en comparant les prestations proposées par Mme A à celles fournies par les établissements d'hébergement à caractère hôtelier exploités de manière professionnelle, la cour, qui a ainsi recherché si l'activité exercée par la requérante se trouvait en concurrence potentielle avec celle des entreprises hôtelières, n'a pas commis d'erreur de droit ;

Considérant, d'autre part, qu'ainsi que le soutient la requérante, les critères définis par la loi et précisés par la jurisprudence n'exigent pas que les prestations para-hôtelières soient effectivement rendues, mais seulement que le loueur en meublé dispose des moyens nécessaires pour répondre aux éventuelles demandes ; que, pour apprécier si des prestations para-hôtelières sont proposées dans des conditions plaçant le loueur en situation de concurrence potentielle avec les entreprises hôtelières, les conditions de qualité et de prix caractérisant ces prestations peuvent, notamment, être prises en compte ; que la cour s'est fondée, pour juger que les prestations de nettoyage des appartements à une fréquence supérieure à celle d'une fois par mois et de fourniture de linge de maison ne pouvaient être regardées comme ayant été proposées dans des conditions similaires à celles caractérisant les établissements d'hébergement hôtelier, sur le fait que ces prestations étaient proposées moyennant un supplément de prix et assurées par une entreprise sous-traitante ; qu'en jugeant ainsi, et en ajoutant, par des motifs surabondants, que ces prestations n'avaient pas été utilisées par les étudiants au cours de la période d'imposition en litige et n'étaient pas assurées dès le début de cette période, la cour n'a pas commis d'erreur de droit, ni méconnu les principes de sécurité juridique et de confiance légitime, ni entaché son arrêt d'un défaut de motifs ;

Considérant, enfin, qu'en relevant que la prestation de petit déjeuner se bornait à la présence d'une machine à boissons, sans affirmer, contrairement à ce que soutient la requérante, que cette dernière n'avait pas fourni de petit déjeuner pendant la période en cause dans le litige, la cour n'a pas dénaturé les pièces du dossier ;

Considérant qu'il résulte de ce qui précède que Mme A n'est pas fondée à demander l'annulation de l'arrêt qu'elle attaque ; que ses conclusions présentées au titre des dispositions de l'article L. 761-1 du code de justice administrative ne peuvent, par suite, qu'être rejetées ;

DÉCIDE :

Article 1er : Le pourvoi de Mme A est rejeté.

Article 2 : La présente décision sera notifiée à Mme Michelle A et au ministre du Budget, des comptes publics, de la fonction publique et de la réforme de l'État.

Index

D

E

F

G

H

I

L

M

N

O

U

V

conception
réalisation
mise en page
pca

44405 Rezé cedex

Achevé d'imprimer
sur les presses de la Nouvelle Imprimerie Laballery
58500 Clamecy
Numéro d'impression : 108102

Imprimé en France

La Nouvelle Imprimerie Laballery est titulaire de la marque Imprim'Vert®